Darling Tim

— Darling Emm.........

There is so much to see

at the Prado, you could go

again and again, but I

was also intrigued by this

town — the Spaniards are

are so polite, going to

Madrid might be a

lovely holiday for you —

and ~~when~~ in ~~the~~ future,

Las playas con los

jovenes

Secretos de Madrid

Secretos de Madrid

Manuel García del Moral Escobedo

ediciones
LA LIBRERÍA

1.ª edición: noviembre 2013
6.ª edición: febrero 2021

C/ Mayor, 80
28013 Madrid
Telf.:91 541 71 70
E-mail: info@edicioneslalibreria.es

Ilustraciones: Joaquín González Dorao
Fotografías: Manuel García del Moral Escobedo

ISBN: 978-84-9873-373-0
Depósito Legal: M-4557-2018

Impreso en España/Printed in Spain

«Lo bueno es llegar con la boina y la maleta de cartón, y a los cinco minutos ser de Madrid»

Joaquín SABINA

Dedicado a mi padre y a mi madre, por darme absolutamente todo, por su amor infinito y en definitiva, por hacerme quien soy.

A Antoñita, a Manolo y a Pepe. Sé que desde allí arriba me habéis acompañado en todos y cada uno de mis paseos por Madrid.

ÍNDICE

AGRADECIMIENTOS

En este libro están recogidos cien SECRETOS DE MADRID pero sobrevolando, entre todas estas páginas hay muchos recuerdos, experiencias e instantes que me brindaron una de las etapas más felices de mi vida. Ahora es el momento de echar la vista atrás y pensar en aquellos que han hecho esto posible: A la gente de Viendo Madrid, El Rincón de Mayrit, Urban Idade, Historias Matritenses y Caminando por Madrid, verdaderos pozos de sabiduría madrileña; a las personas que están detrás de tantos otros blogs de Madrid y que desde un primer momento me recibieron con los brazos abiertos en esta familia virtual; a Nano De Gabriel, por lanzarme aquel órdago que ahora es toda una realidad; a Miguel Tébar por saber captar la esencia de este proyecto y plasmarlo sobre el papel con tanto acierto; a Nacho, de Callejeando Madrid, la intención es lo que cuenta sólo te diré una cosa, sigue así ; a Juan Carlos González, de Carpetania Madrid, un placer leerte y escucharte, siempre; a Jack Babiloni, por su gran amabilidad.

De un modo más íntimo agradecer también a la gente del piso de Bravo Murillo, por su eterna hospitalidad y por tantos buenos recuerdos; a mi hermana Elena, a mi familia y a mis amigos, por estar siempre ahí y a María, sin tu impulso, este salto nunca hubiese llegado tan lejos.

A todos, de corazón, GRACIAS.

 13

PRESENTACIÓN

Siempre he tenido claro que para cada persona hay una ciudad en el mundo, aquella en la que te puedes perder durante horas por sus calles sin perder la sonrisa, aquella en la que te vuelves a emocionar cada vez que te topas de frente con alguno de tus monumentos preferidos. Hay gente que ha tenido que cruzarse medio mundo para experimentar todas esas sensaciones, sin embargo, yo, tuve la tremenda suerte de poder vivirlas a apenas cuatrocientos kilómetros de mi Pamplona natal.

Fascinado por su historia, sus monumentos y edificios comencé a recorrer Madrid con insistencia tras mudarme a ella en 2008. Daba igual que el tiempo no acompañase o que el cansancio empezara a hacer mella. Siempre encontraba un nuevo motivo para continuar mi improvisado camino. De esta forma creo en un primer momento el blog de *Secretos de Madrid* y un año más tarde nace este libro, recopilatorio de aquellos escenarios e historias que más me han marcado durante mis años viviendo en Madrid. Desde el pintoresco Malasaña al castizo Chamberí, pasando por los contrastes de Lavapiés o el cautivador encanto de la zona de los Austrias. En definitiva lugares que descubrí fascinado antes de adentrarme en su pasado y que ahora he querido compartir con todos vosotros.

AZOTEA DEL CÍRCULO DE BELLAS ARTES

DIRECCIÓN: CALLE DE ALCALÁ, 42
METRO: SEVILLA (LÍNEA 2), BANCO DE ESPAÑA (LÍNEA 2)

Cuando tenía visitas en Madrid, era consciente de que para algunos el hecho de tener invitados y tener que enseñarles la ciudad podía ser algo tedioso. Sin embargo, a mí me encantaba que viniese gente y poder compartir con ellos todos mis descubrimientos realizados en el tiempo y ese Madrid que tanto me apasiona.

Dependiendo de mis invitados, en ocasiones sabía que tampoco podía hacerles un *tour* demasiado intenso, ni sus piernas ni su paciencia quizás estuvieran por la labor de aguantar mucho rato. Aun así, siempre había un lugar al que les llevaba sí o sí: la azotea del Círculo de Bellas Artes.

Este rincón es para mí el mejor lugar de toda la ciudad. No hay nada que se le parezca y que despierte en mí los mismos sentimientos. Gracias a la magnífica ubicación del edificio donde se aloja, construido en 1926, en el punto donde confluyen la calle de Alcalá y la Gran Vía, se puede apreciar todo Madrid en su amplia inmensidad, desde las Torres Kio, y las Cuatro Torres, al norte, pasando por el Pirulí o la Casa de Campo. Es como tener una maqueta gigante ante tus ojos en la que puedes pasar el rato jugando a reconocer lugares y edificios.

La sensación de libertad que se respira, al contemplar la ciudad casi a tus pies, ajeno del tráfico y divisando todos los tejados es una experiencia única, altamente recomendable y que nadie puede dejar escapar. Por unos instantes es como si la gran ciudad quedase

desnuda y empequeñecida antes de absorbernos de nuevo entre sus calles. El hecho de estar abierta a tres de los cuatro puntos cardinales nos permite una visión casi panorámica.

Otro de los aspectos interesantes de este sitio es poder admirar a escasos metros la estatua que corona el edificio. Madrid cuenta con un número importante de esculturas en sus azoteas, esta en concreto está dedicada a la diosa romana Minerva. La figura pesa más de 3000 kilos y mide seis metros y medio. Su traslado por carretera desde Arganda del Rey, donde se fundió, hasta Madrid trajo muchos problemas pero

lo más complicado fue elevarla hasta su ubicación actual, un laborioso operativo que costó cerca de un millón de pesetas de la época.

Hay que pagar un reducido precio para subir pero la entrada nos da acceso a las exposiciones temporales que se organizan en el centro y que suelen estar muy bien. En mi opinión, quien visita Madrid y no sube a este lugar se marcha dejándose en el tintero el rincón más fascinante de todos. Para contemplarlo solo o en compañía, no hay nada más recomendable. Totalmente imprescindible, espectacular e infinito, así es este rincón de Madrid que todos deberían conocer.

PLANO DE TEXEIRA

DIRECCIÓN: CALLE DE FUENCARRAL, 78, MUSEO DE HISTORIA DE MADRID (ANTIGUO MUSEO MUNICIPAL)
METRO: TRIBUNAL (LÍNEA 1, LÍNEA 10)

De la misma forma que cada religión cuenta con un libro sagrado, las personas que amamos Madrid también tenemos un objeto de culto y este lo podéis encontrar en el Museo de Historia de Madrid, en la calle de Fuencarral, pegando a la estación de Tribunal. Me refiero al Plano de Texeira, un magistral documento gráfico que nos permite hacernos una idea clara y concisa de cómo era el Madrid de los Austrias.

Este excelso plano fue realizado por Pedro Texeira Albernaz, un cartógrafo portugués cuyo trabajo de varios años se vio completado en 1656 cuando el mapa fue grabado en Amberes. El luso recibió el encargo por parte de Felipe IV e ingresó por su trabajo la cantidad de 700 escudos.

Este plano, el segundo que existe de la capital de España, destaca sobremanera por su altísimo nivel de detalle. Una minuciosidad magnífica que nos da la oportunidad de viajar por aquel Madrid del siglo XVII, entre sus angostas calles, contemplando, fachada a fachada y casa por casa, una ciudad que en buena parte no nos resulta tan extraña y diferente hoy en día.

Mediante una perspectiva caballera aparecen reflejados todos y cada uno de los elementos que componían ese añejo Madrid, incluso vemos representadas 18 iglesias y 55 conventos. Un Madrid relativamente pequeño, en el que se calcula vivirían unos 150 000 habitantes.

Caños de Peral
33
Calle de los Tintoreros
Calle de las Fuentes
Calle de S. Ginés
D
Plaçuela de Selenque
Calle del Arenal
Plaçuela de los Herradores
CALLE MAIOR
Puerta de Guadalajara
23
Plateria
B
Calle Nueva
PLAÇA MAIOR
44
Plaçuela de la Villa
L
30
45
PROVINCIA
M
Plaçuela de la Leña
Plaçuela del C. de Barajas
Calle Imperial
Calle de la Lechuga
H
Plaçuela del Cordon
Geronima
Calle de Barrio Nuevo
Puerta Çerrada
47
Calle de la Concepcion
XXXV
CALLE DE TOLEDO
Calle del Nuncio
C
Peso del Arina
Calle de la Compañia

Un trabajo sublime al que hay que añadir las complicaciones de la época en la que está realizado, sin fotografías aéreas o satélites que facilitasen la labor.

Siempre que puedo entro en este museo (de entrada gratuita y que cuenta con varias impresionantes maquetas de Madrid) y juego a recorrer imaginariamente las calles de ese plano, tratando de sacar paralelismos con la ciudad que hemos heredado en la actualidad. Sorprende ver una Puerta del Sol tan estrecha con la iglesia del Buen Suceso o el real alcázar en el lugar donde hoy se levanta el Palacio Real. También resulta extraño no ver la catedral de la Almudena. Además nos permite hacernos una idea de la maraña de calles que componían la actual Gran Vía. Maravilloso.

El plano, de enormes dimensiones, está formado por 20 planchas de 45x56 centímetros cada una. En él aparecen muchas calles que siguen existiendo en la actualidad en el mismo lugar y con el mismo nombre. Una prueba irrefutable de la impresionante historia que estas abarcan, aunque a veces no nos queramos dar cuenta. A modo de curiosidad, indicar que este plano sigue resultando muy útil, por ejemplo el escritor Arturo Pérez-Reverte lo ha utilizado como referencia para ambientar y situar a sus personajes en las novelas del capitán Alatriste.

Apreciando este plano uno llega a la conclusión de que con el paso de los siglos Madrid ha ido creciendo y expandiendo sus límites pero su esencia y su alma permanecen intactas. Este es uno de los principales motivos que la hacen tan fascinante.

DIRECCIÓN: PLAZA DE LA VILLA
METRO: SOL (LÍNEA 1, LÍNEA 2, LÍNEA 3)

PLAZA DE LA VILLA

Discreta y silenciosa, en uno de los laterales de la calle Mayor aguarda esta bonita plaza de carácter medieval y en la que confluyen tres pequeñas vías, la calle del Codo, la calle de Madrid y la calle del Cordón.

Para mí, es uno de los espacios con más encanto de toda la ciudad. Ajena al ruido y al frenesí que se vive a escasos 300 metros en la Puerta del Sol, ofrece un remanso de paz al viandante. La plaza la componen tres edificios, la Torre de los Lujanes, la Casa de Cisneros y la Casa de la Villa. Curiosamente, cada una de un siglo y de un estilo arquitectónico distinto.

Cuando os acerquéis a admirar la Torre de los Lujanes, sed conscientes de que estáis ante una de las construcciones civiles más antiguas de todo Madrid, ya que data del siglo XV; de estilo gótico-mudéjar, su nombre viene de sus primeros propietarios, la familia de los Lujanes, unos prósperos comerciantes de origen aragonés. Cuenta la leyenda que sirvió de prisión para alojar a Francisco I de Francia tras la batalla de Pavía y que para que este sufriera una mayor humillación al ser encarcelado, se le hizo pasar por una de las puertas laterales, para que al entrar, tuviese que agachar la cabeza. Algo muy poco decoroso para un rey.

El siguiente edificio que nos encontramos es un palacio plateresco del siglo XVI, la Casa de Cisneros. Por último,

Plaza de la Villa

observamos la Casa de la Villa, de influencia barroca y que fue sede del Ayuntamiento de Madrid durante más de 300 años, hasta 2007, cuando se traspasó al Palacio de las Comunicaciones, en Cibeles. En la actualidad se utiliza para recepciones oficiales y eventos.

Siempre que decido dar un paseo por el Madrid de los Austrias, empiezo mi ruta por esta plaza. No hay mejor lugar para comenzar a empaparse de la historia de Madrid que este coqueto recinto, un lugar que fue un punto clave y neurálgico durante el crecimiento y desarrollo económico y demográfico de la ciudad hasta hace bien poco. Su relevancia en la actualidad ha quedado en segundo plano pero sigue siendo un lugar emblemático y que no debe faltar en ninguna visita. Disfrutarla en soledad se convierte en una experiencia sublime.

DIRECCIÓN: CALLE DE LA ABADA
METRO: CALLAO (LÍNEA 3, LÍNEA 5), GRAN VÍA (LÍNEA 1, LÍNEA 5)

La calle de la Abada es una finita callejuela que va desde la plaza del Carmen hasta la Gran Vía, con una posición inmejorable y sin ningún monumento o inmueble de especial relevancia, tiene un secreto que no quería dejar de compartir con todos vosotros, el que encierra su nombre. Una arrebatadora historia tras cuyos pasos ya nos sitúa la placa informativa que la acompaña.

Admito que había pasado decenas de veces por ella pero nunca me había detenido a observar la señal con la que Alfredo Ruiz de Luna, el ceramista que con sus pequeñas obras ilustra y orienta a los viandantes de Madrid, quiso representar esta calle. En ella aparece representado un rinoceronte. Una presencia sorprendente e inesperada que multiplicó mi interés por el pasado de este lugar.

Según pude investigar en la obra del historiador Antonio Capmany y de Montpalau en la calle de la Abada se mezclan ingredientes y retazos de otras famosas vías de la ciudad como la calle del León o la calle de la Ballesta. Una trama con tintes novelescos que apura su vida en el centro de Madrid. Vamos con ella.

Resulta que hace un buen puñado de siglos, sobre unas eras que pertenecían al priorato de San Martín se asentaron sobre este lugar unos cazadores portugueses. Lo excepcional de su presencia era la exótica compañía que trajeron consigo, un rinoceronte hembra o abada como se le conocía en la época (palabra que procede del portugués).

CALLE DE LA
ABADA

Allí montaron una carpa en donde cobraban un precio de dos maravedíes a todo aquel que quisiera ver de cerca al curioso animal.

Una atracción que agolpaba a multitud de personas cada día y que, según las crónicas, acabo de la peor forma posible. Un joven que trabajaba en un obrador próximo acudía cada mañana para alimentar al rinoceronte dándole pan. El muchacho fue ganándose poco a poco su confianza e incluso con el paso del tiempo, se adentraba en el recinto para darle de comer directamente con la mano. Un día, tuvo la mala idea o cometió la imprudencia, no se sabe, de darle un bollo recién salido del horno para ver su reacción. Seguramente una broma a la que el animal no pareció encontrarle la gracia. El ardor producido por el pan caliente en su estómago propició un ataque de furia con el que el rinoceronte se llevó por delante al chico.

Cuando este trágico suceso fue puesto en conocimiento del prior de San Martín, este obligó a los portugueses a abandonar su lucrativa y arriesgada actividad y a abandonar las tierras. Ellos, sorprendidos por la radical decisión, optaron por dejar libre al animal. Una desmedida venganza que sembró el pánico por las céntricas calles de Madrid durante un buen rato. Al parecer, hasta veinte personas murieron por los ataques y cornadas del enfurecido animal hasta que este fue abatido cerca de la era de Vicálvaro con unas lanzas.

En la actualidad, solo el rinoceronte dibujado en la cerámica que refleja el nombre de la calle, nos recuerda este sangriento y peculiar suceso.

PORTAL DE LA CAVA BAJA

DIRECCIÓN: CALLE CAVA BAJA, 30
METRO: LA LATINA (LÍNEA 5)

Una de las cosas que más me gusta de Madrid es toparme de frente con curiosidades de la ciudad que están ahí, en la vida diaria de muchas personas casi de forma invisible. Pasando de puntillas entre nosotros, aprovechando nuestra mala costumbre de andar de un lado a otro, con la mirada gacha y con los cascos puestos, ajenos a la historia que nos observa. Cuando me topo con un secreto como el siguiente, me siento afortunado, como un aventurero del lejano Oeste americano al descubrir una pepita de oro en su tamiz.

Lo llamativo de nuestra próxima historia es el lugar donde se encuentra. Hasta ahora he hablado de edificios y de calles, de esculturas y de plazas, siempre lugares públicos y abiertos, pero nunca de algo tan familiar y con tan poco *glamour* como un portal. En concreto, el que se encuentra en la Cava Baja número 30, en pleno centro. Detrás de la puerta que lo custodia podemos observar una de las raíces sobre las que se apoyó el actual Madrid, un trozo original de la muralla cristiana del siglo XI.

La ciudad de Madrid comenzó siendo un asentamiento militar musulmán en el siglo IX. Unos doscientos años más tarde, los cristianos lograron tomar el control de la ciudad y entonces decidieron ampliar el perímetro de los muros que ya se habían quedado pequeños. Para que os hagáis una idea del tamaño que tenía Madrid entonces, la superficie en el interior de estos muros era de 33 hectáreas, lo que vendría a

ser una cuarta parte del parque del Retiro. La muralla tenía una longitud de unos 2200 metros.

La mayor parte de este elemento defensivo se derriba en 1561 cuando Felipe II decide establecer la corte en Madrid, pero muchos restos del mismo quedaron integrados en la estructura de diferentes edificios. Aún podemos ver algunos de estos ejemplos en la calle del Almendro o en la Cava Baja; de todos, el más espectacular es el que está en el patio interior del número 30 de esta última calle, ya que da cobijo a una sección de estos muros de 20 metros de largo por 11 de ancho. Se trata, junto a la muralla árabe que hay en la cuesta de la Vega (siglo IX) de las construcciones más antiguas de Madrid.

He de decir que me parece impresionante que dentro de un portal, a pie de calle, se encuentre escondido semejante tesoro. La de veces que habremos pasado junto a esa puerta, ajenos a lo que escondía su interior. Si pasáis por allí y llamáis por el telefonillo a algún vecino es casi seguro que os abrirá sin problema. Al menos, es lo que a mí me sucedió. Con un poco de educación podréis entrar en su portal y robarles un pedacito de su intimidad. Ellos lo entenderán. Semejante joya no debería ser disfrutada solo por unos pocos.

Portal de la Cava Baja

PALACIO DE LONGORIA

DIRECCIÓN: CALLE DE FERNANDO VI, 4
METRO: ALONSO MARTÍNEZ (LÍNEA 4, LÍNEA 5, LÍNEA 10)

Dirigimos nuestros pasos a la calle Fernando VI en el barrio de Justicia, en el distrito Centro, para descubrir uno de los edificios más bonitos y secretos que tiene Madrid. Caminando por esta calle, próxima a la estación de Alonso Martínez, aguarda el palacio de Longoria, más conocido por ser la actual sede de la Sociedad General de Autores y Editores (SGAE). Uno de los escasos ejemplos de arquitectura modernista que tenemos en la capital pero que representa esta corriente artística como pocos.

Recuerdo la primera vez que me topé con este edificio, iba deambulando sin un rumbo claro, callejeando, hasta que una fachada llena de curvas y formas suaves llamó mi atención. Me acerqué para contemplarlo al detalle, para disfrutarlo. Era como si un alfarero gigante hubiese cogido el palacio y lo hubiese moldeado a su antojo, suavemente, como si se tratase de una gran construcción de arcilla.

La balaustrada de la terraza principal, los adornos vegetales que decoran todas sus ventanas hacen de «la tarta», como le llaman los madrileños, un edificio único que parece desubicado, fuera de contexto. En Barcelona, el modernismo, espoleado por el genio de Gaudí, se apoderó por completo de la ciudad, dándole ese aspecto que todavía hoy refleja. Sin

embargo, en Madrid esta corriente no tuvo tanta aceptación y los ejemplos de edificios claramente modernistas se pueden contar con los dedos de una mano.

La casa-palacio fue ordenada construir por Javier González Longoria, un boyante hombre de negocios que encargó el proyecto en 1902 al arquitecto José Grases, quien la finalizó dos años más tarde. Sus primeros inquilinos no pudieron habitar mucho tiempo la casa y se la vendieron al dentista de Alfonso XIII por 500 000 pesetas de la época. Desde 1950 es la sede de la SGAE.

En el interior del edificio destaca una impresionante escalera imperial, realizada con una barandilla de forja, que reina en el espacio central de la entrada. Es una pena que este palacio no esté abierto al público aunque en eventos, como la Semana de la Arquitectura, hacen visitas guiadas. Yo tuve la ocasión de poder disfrutarlo desde dentro cuando acudí a la capilla ardiente de Antonio Vega, cantante de Nacha Pop. Aquel día tuve la oportunidad de despedir a un genio y de conocer las entrañas de este peculiar palacio.

CALLE DE LA BALLESTA

DIRECCIÓN: CALLE DE LA BALLESTA
METRO: GRAN VÍA (LÍNEA 1, LÍNEA 5), CALLAO (LÍNEA 3, LÍNEA 5)

Corren buenos tiempos, o al menos mejores, para una zona muy concreta de Madrid que en las últimas épocas ha estado marcada por la masiva presencia de la prostitución y las drogas. A espaldas de la Gran Vía confluyen una serie de angostas calles que anhelan borrar la mala fama que las persigue, una de ellas es la calle de la Ballesta.

Delimitada por la Corredera Baja de San Pablo y Desengaño, Ballesta es uno de los tres lados de este triángulo que recientemente se ha bautizado como *Triball*. Una zona que busca reinventarse a sí misma con la llegada de nuevos empresarios y comercios que den una bocanada de aire fresco al barrio. Poquito a poco parece que lo van consiguiendo, borrando con mucho esfuerzo unas etiquetas poco dignas para una vía con una situación tan privilegiada.

La calle de la Ballesta guarda una curiosa historia íntimamente ligada a su nombre. Al parecer en esta calle tuvo su vivienda un cazador tudesco. Según recogen los libros, este hombre tenía junto a su casa un gran corral en donde, a cambio de un dinero, la gente podía practicar el tiro con ballesta sobre una serie de animales encadenados como jabalíes, lobos o venados. Un sádico negocio que pronto alcanzó gran notoriedad en la zona.

Sin embargo, esta macabra atracción un día se vengó de este peculiar personaje. Resulta que en cierta ocasión llevó al corral a un jabalí de gran tamaño que había capturado en el monte de El Pardo. El animal, asustado y agresivo, tras recibir el impacto de varias saetas comenzó a luchar por su vida y en su intento por huir le asestó una brutal colmillada al dueño del corral que le causó la muerte en el acto. Para cuando se produjo este inesperado final, el recinto del tudesco ya era conocido por todos como «el corral de la ballesta», apelativo que por extensión pasó a denominar a la calle entera.

En esta singular y céntrica vía han vivido varios personajes famosos como la escritora gallega Rosalía de Castro, quien tuvo su vivienda en el bajo del número 13. Otro vecino ilustre, aunque pasó mucho más inadvertido, fue el político y militar Leopoldo O'Donnell quien permaneció escondido durante cuatro meses en uno de sus pisos.

RESTOS DE SAN VALENTÍN EN MADRID

DIRECCIÓN: CALLE HORTALEZA, 63
METRO: CHUECA (LÍNEA 5), ALONSO MARTÍNEZ (LÍNEA 4, LÍNEA 5, LÍNEA 10)

Cada 14 de febrero, como muchos sabréis, se celebra el día de los Enamorados, la festividad de San Valentín se apodera de nuestra vida cotidiana durante unas horas y los corazones y las flores nos invaden por doquier pero, ¿sabíais que los supuestos restos del santo descansan en una iglesia del centro de Madrid?

Antes de entrar en materia me gustaría hablar un poco sobre quién fue nuestro protagonista y por qué se erigió como patrón de los enamorados. Valentín fue un sacerdote romano en la época del emperador Claudio II. Este promulgó una ley que prohibía casarse a sus soldados, convencido de que los solteros eran mucho más fieros y aguerridos en la guerra que los casados al no tener ataduras. Sin embargo, Valentín casó en secreto a varias parejas y fue descubierto por lo que terminó siendo degollado en la puerta Flaminia de Roma un 14 de febrero de 270 d. C.

Por esta razón san Valentín es el patrón de los enamorados y las reliquias de este santo siempre fueron muy codiciadas. Lo que mucha gente desconoce es que en la iglesia de San Antón, la misma a la que cada 17 de enero acuden cientos de personas para bendecir a sus mascotas, se encuentra un relicario con huesos que, supuestamente, pertenecieron al santo.

¿Cómo llegaron los restos de san Valentín a Madrid? Según parece, a finales del siglo XVIII, el papa se las regaló al monarca Carlos IV, quien a su vez las donó a los escolapios de Madrid. De este modo, los restos óseos (una calavera, dos fémures y varios huesos más) terminaron en la calle Hortaleza, en el centro de Madrid. Las reliquias estuvieron ocultas a los fieles hasta el año 1984 y desde entonces se pueden observar en el interior de una urna de vidrio.

Lo cierto es que Madrid no es la única ciudad que dice tener las reliquias del patrón de los enamorados ya que en Italia (Termi) o en otros lugares de España (Calatayud o Toro) aseguran también tener los verdaderos restos del santo. ¿Cuál estará en lo cierto? Seguramente nunca lo sepamos pero, por si acaso, yo invito a todos aquellos que quieran tener suerte en el amor a darse una vuelta por la calle Hortaleza.

Restos de san Valentín en Madrid

UNA FACHADA CON TRAMPA EN MADRID

DIRECCIÓN: CALLE DEL CONDE DE ROMANONES 14
METRO: TIRSO DE MOLINA (LÍNEA 1)

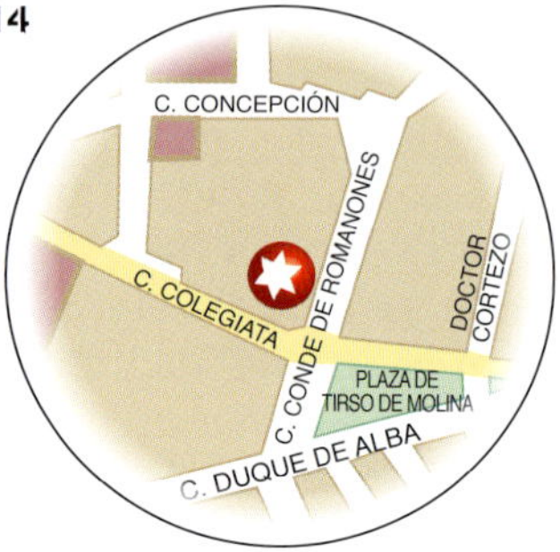

Si damos un paseo por el centro de Madrid siempre tenemos la ocasión de cruzar nuestros caminos con excepcionales fachadas, en esta ocasión nos vamos a detener en una de ellas. Original y muy diferente a sus vecinas, vive a muy poquitos pasos de la plaza de Tirso de Molina. Siempre digo que vuestras aportaciones es este proyecto han sido fundamentales y este guiño es un buen ejemplo de ello. Fue precisamente un lector quien me puso tras la pista de este secreto. Reconozco que había pasado por la calle del Conde de Romanones y a la altura del número 14 me había sorprendido esta peculiar fachada. En lo que nunca caí fue en que rendía un homenaje a un artista cuyas obras seguramente todos conocemos.

El personaje en cuestión es Maurits Cornelis Escher, más conocido como M. C. Escher (1898-1972) quien se hizo famoso por sus obras paradójicas, pequeños retos visuales y de comprensión para los espectadores que trataban de entenderlos. Dibujos y grabados que parecen sacados de sueños (de hecho en ellos encontraba buena base de su inspiración). En definitiva, sensacionales figuras imposibles que le permitían deformar y jugar con una realidad a la que este holandés parecía no encontrarle límites.

Según pude saber, hace unos años se optó por darle un lavado de cara al edificio y el encargado de ello, Julio Barbero, decidió inspirarse en una de las obras de este universal artista. La obra en concreto es

Desarrollo I, una xilografía que data del año 1937, y que, mediante un elaborado y destacado manejo de la cal, Julio supo adaptar y trasladar a la zona de Embajadores. En la fachada, vamos observando cómo lo que parecen ser azulejos verdes y blancos se van moldeando y mutando hasta convertirse en unos pequeños lagartos. Una transformación sorprendente que se muestra mediante la técnica del esgrafiado y que se realiza con dos capas de colores, rascando la superior y sacando a relucir la inferior. Un juego visual que se produce ante nuestras rasantes miradas.

Esta insólita y agradable pared es un importante regalo para una zona que, todo sea dicho, lleva tiempo sin atravesar su mejor época. Una nota diferente y colorida que despierta en el viandante una sensación de estupor. Seguramente Escher nunca imaginó que uno de sus sueños podría terminar vistiendo a un edificio del corazón de Madrid.

Una fachada con trampa en Madrid

CALLE DE LA PRINCESA

DIRECCIÓN: CALLE DE LA PRINCESA
METRO: PLAZA DE ESPAÑA (LÍNEA 3, LÍNEA 10), VENTURA RODRÍGUEZ (LÍNEA 3), ARGÜELLES (LÍNEA 3, LÍNEA 4, LÍNEA 6)

Es una de las vías más conocidas de Madrid, de marcado carácter comercial, la podríamos considerar la «hermana pequeña de la Gran Vía», de hecho, ambas llegan a verse las caras en la plaza de España. Me refiero a la calle de la Princesa, una calle especial que al transitar recientemente por ella me pregunté: «Pero, ¿a qué princesa está dedicada?».

Esta calle recorre el camino que va desde la plaza de España hasta la zona donde Madrid ya se empieza a fundir con la A-6 en Moncloa; en total, 1,3 kilómetros llenos de vida y movimiento. Es, por tanto, uno de los principales accesos de la ciudad. Nombrada miles de veces cada día, pocos son lo que se preguntan en honor a quién se dedicó esta calle. «La Princesa» se refiere a Isabel de Borbón y Borbón quien fuera infanta de España, princesa de Asturias (y por lo tanto, heredera al trono, en dos ocasiones) y condesa de Girgenti.

No obstante, lo que más se recuerda de esta mujer no fueron sus títulos sino el enorme cariño que la gente le profesaba. Fue una mujer enormemente carismática y querida, capaz de mezclarse con el pueblo llano y de ganarse el respeto y la admiración de muchos. Apodada la Chata, era una amante de las verbenas y de las corridas de toros, un evento al que asistía siempre que podía. Además, le encantaba la cerámica.

Con solo unos meses de edad, ella y su madre, Isabel II, fueron víctimas de un atentado cuando el cura Martín Merino apuñaló a la reina a la salida de la basílica de Atocha. Muchos años más tarde se produjo un hecho que demuestra lo querida y respetada que fue esta mujer: al proclamarse la II República, en 1931, ella fue el único miembro de la familia Borbón a la que no se invitó a abandonar el país. Sin embargo, optó por acompañar a su familia; a los cinco días de dejar España falleció en Francia, por causas naturales.

Isabel de Borbón y Borbón cuenta en la actualidad con dos monumentos levantados en su honor, uno en el paseo de Rosales y otro en La Granja de San Ildefonso. Aunque ninguno tan importante (y a la vez anónimo) como esta céntrica calle.

Como curiosidad, os dejo aquí el nombre completo con el que Isabel de Borbón y Borbón fue bautizada: María Isabel Francisca de Asís Cristina Francisca de Paula Fernanda Luisa Josefa Trinidad Joaquina Ana Melchora Gaspara Baltasara María del Olvido Dolores Pilar Concepción Carmen Desamparados Filomena Micaela Rafaela Gabriela Dominga de la Cogolla Tomasa Teresa Rita Lucía Águeda Bárbara Bibiana María de la Cabeza Isidra Rosalía Polonia Lugarda Ramona de Cosme Damiana Antonia de San Antón Juana Bautista Vicenta de Ferrer Genara Francisca de Borja Blasa Jacoba de Roque Caralampia y de Todos los Santos de Borbón.

CINE IDEAL

DIRECCIÓN: CALLE DEL DOCTOR CORTEZO, 6
METRO: TIRSO DE MOLINA (LÍNEA 1), SOL (LÍNEA 1, LÍNEA 2, LÍNEA 3)

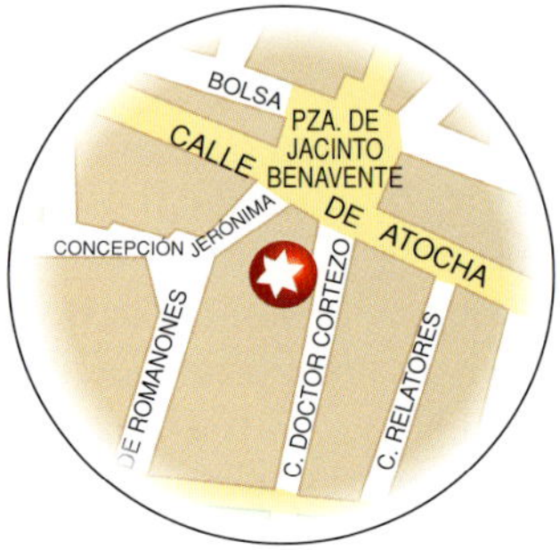

Cada vez que paso a su vera, noto como el Cine Ideal me regala una mirada de complicidad, buscando un apoyo que ya pocos le brindan. Acurrucado en la calle del Doctor Cortezo este simpático edificio ha visto pasar modas y épocas casi sin inmutarse. Acaba de cumplir nada más y nada menos que 97 años.

«Desde hoy cuentan los aficionados al cinematógrafo con un nuevo salón, que mejor pudiera titularse palacio, que álzase majestuoso y arrogante en los antiguos terrenos del Ministerio de Fomento, calle de Atocha...» Así comenzaba la noticia del *ABC* publicada el 13 de mayo de 1916 en el que se anunciaba a bombo y platillo la apertura de este cine, uno de los primeros con carácter permanente que hubo en la ciudad.

El enorme edificio del que hablan aquellas crónicas, con capacidad para 3000 personas, parece haber menguado en tamaño, como esa persona mayor que se va encorvando con el paso de las hojas del calendario. Hoy lo vemos como un edificio simpático y amable, que ya no llama tanto la atención como antaño pero que mantiene intacta una personalidad intachable.

Este cine se levantó sobre un solar que en su día había pertenecido al convento de

los Trinitarios Descalzos, hasta la desamortización de Mendizábal. Con el paso del tiempo se aprobó el proyecto de José Espelius para construir uno de los recintos más modernos de Madrid y el resultado fue el Cine Ideal, un lugar con guiños modernistas y en el que destaca, sobre manera, un rasgo característico.

Hablo de sus preciosas vidrieras, un elemento que le da al conjunto arquitectónico una fuerza y un carácter único. Atribuidas a la factoría Maumejean (empresa que hoy en día sigue activa), en estas vidrieras, restauradas en 2002, observamos una alegoría del cine. En el espacio central vemos una chica con el rostro apoyado sobre un proyector encendido y flanqueada por dos pavos reales.

Es curioso ya que este edificio pasa prácticamente desapercibido durante el día pero cuando los rayos del sol empiezan a escasear y sus neones y vidrieras se encienden salta al primer plano. Si no conocéis estos cines os recomiendo pasar junto a ellos de noche, subiendo desde Jacinto Benavente se intuye esa explosión de color que regala su fachada. Una estampa agradable y bella, rescatada de otra época, exactamente, de hace 102 años.

DIRECCIÓN: CALLE DEL ESPÍRITU SANTO
METROS: TRIBUNAL (LÍNEA 1, LÍNEA 10), NOVICIADO (LÍNEA 2), SAN BERNARDO (LÍNEA 2, LÍNEA 4)

CALLE DEL ESPÍRITU SANTO

Malasaña es el barrio de moda de Madrid, una zona que vive una nueva juventud y que se ha sabido reciclar como ninguna. Allí se vive de forma intensa tanto de día como de noche, con un sabor especial. Lo moderno y lo tradicional conviven sin ponerse «peros». Uno de los mejores exponentes de todo esto es la calle del Espíritu Santo, una de mis predilectas de todo el callejero madrileño.

Esta vía, que cruza de este a oeste el barrio de Maravillas, desde San Bernardo hasta la Corredera Alta de San Pablo refleja a la perfección la nueva época dorada que atraviesa la zona. Modernos cafés y tiendas con escaparates de postal viven codo con codo con comercios tradicionales. Una mezcla que se produce sin estridencias ni fisuras. Está ahí y todos salen ganando. Colorida y animada a casi cualquier momento de la semana, a mí me encanta

CALLE
JESUS DEL VALLE

recorrerla los domingos por la tarde, cuando el barrio aún se recupera de su enésima noche de fiesta.

Su nombre original fue calle de la Cruz del Espíritu Santo, un apelativo que nos mete de lleno en la historia de este lugar. Según nos ha llegado, durante el reinado de Felipe III cayó en esta calle un rayo. Una extraña circunstancia ya que aquel día ni llovía ni había tormenta. El caso es que este arrasó con numerosas viviendas y acabó con la vida de varios habitantes. En recuerdo de aquel fatal incidente se colocó una gran cruz de piedra con una paloma en el centro representando al Espíritu Santo. La cruz permaneció hasta 1820 pero tras su retirada el nombre se mantuvo intacto.

Siglos después de aquella anécdota, la gente sigue recorriendo sus aceras compartiendo vivencias mientras sus hileras de balcones se funden con el infinito. Los grafitis son nuestros inseparables compañeros de viaje. A cada metro, disfrutamos de una calle que siempre parece estar de buen humor, receptiva y garbosa. En medio de su trazado, un cruce de caminos, la plaza de Juan Pujol, ideal para tomar algo en una de sus terrazas, rodeado de coloridas y vivas fachadas.

Caminando hacia San Bernardo, en el número 23, encontramos la única nota negativa de este lugar, el portal donde el 17 de noviembre de 1999 apareció el cuerpo sin vida de Enrique Urquijo, voz y líder de Los Secretos. Decenas de pintadas y dedicatorias en la puerta recuerdan esta triste pérdida convirtiéndose así en un improvisado homenaje hacia una de las voces más representativas de la Movida. Una nota emotiva en una calle única y fabulosa, una de las arterias de Malasaña que siempre nos recibe con los brazos abiertos.

JARDÍN DEL PRÍNCIPE DE ANGLONA

DIRECCIÓN: CALLE DEL PRÍNCIPE DE ANGLONA, 1
METRO: LA LATINA (LÍNEA 5)

Nuestro siguiente protagonista es posiblemente el que más se ajusta de todo el libro a la etiqueta de *Secretos de Madrid*. Supongo que lo que más me maravilló de él fue descubrirlo sin tener ninguna referencia suya, ni visual ni escrita. En una de mis largas caminatas encontré un muro de ladrillo con una pequeña puerta que no dudé ni un segundo en cruzar. Al otro lado estaba él, el jardín del Príncipe de Anglona.

Situado en pleno Madrid de los Austrias, en uno de los extremos de la plaza de la Paja nos aguarda una de las grandes joyas ocultas que tiene esta ciudad. Muy poca gente conoce su existencia, incluso los propios madrileños. Cuando di con este maravilloso recinto me sentí eufórico y afortunado, como un pirata tras encontrar su ansiado tesoro enterrado en la arena.

Es cierto que Madrid esconde muchos rincones coquetos para disfrutar de la calma y el relax pero posiblemente este se lleva la palma. Su existencia se debe al edificio que tiene al lado, el palacio de Anglona, el cual fue construido en 1530 y que sirvió de residencia de muchos habitantes ilustres a lo largo de estos siglos.

Se trata de uno de los escasos ejemplos de jardín nobiliario del siglo XVIII que se conservan en la ciudad. Su trazado original fue obra de Nicolás Chalmandrier, quien optó por diseñar un espacio neoclásico aunque brindándole ciertos toques característicos de los jardines hispanoárabes. Ya en 1920 los marqueses de la Romana deciden hacer

una reforma a este lugar de ensueño, dándole el aspecto que más o menos ha llegado a nuestros días.

Hablamos de un espacio de unos 500 metros cuadrados, que al estar bordeado por una tapia de ladrillo le confiere una sensación de lugar oculto y apartado del mundo. Cuenta con una variada vegetación y elementos como fuentes, una pérgola o varios bancos. Como os digo, es un lugar que sorprende al visitante por dos motivos. El primero su discreción, apenas un pequeño letrero explicativo en el exterior nos avisa de lo que nos vamos a encontrar. El segundo la magia del lugar en sí, un rincón para abrazar el silencio o disfrutar de una apacible lectura viendo cómo asoman algunos de los tejados y fachadas de colores de esta encantadora parte de la ciudad.

El jardín del Príncipe de Anglona es uno de mis lugares imprescindibles de Madrid, un alto en el camino que no falta siempre que me acerco a la zona y que muy poquita gente conoce. Permaneció cerrado desde 1990 hasta el año 2002 cuando el Ayuntamiento de Madrid aceptó hacerse cargo de su gestión y mantenimiento. Menos mal, hubiese sido un crimen el habernos privado de semejante delicia.

LA DIOSA CIBELES

DIRECCIÓN: PLAZA DE CIBELES
METRO: BANCO DE ESPAÑA (LÍNEA 2)

A 35 metros de profundidad la diosa Cibeles esconde uno de los tesoros mejor custodiados de Madrid, y de todo el país, nada más y nada menos que la cámara acorazada del Banco de España. Además, la fuente tiene mucho que ver con el sistema de seguridad de la misma. Un secreto que parece sacado de una película.

Inaugurada en 1936, la cámara acorazada del Banco de España ocupa una superficie de 2000 metros cuadrados en los que se amontonan más de 90 toneladas de oro. Un tesoro al que dan forma muchísimos lingotes y otros objetos de gran valor como el primer maravedí con caracteres latinos, original del siglo XII.

Para llegar a esta cámara subterránea hay que sortear tres enormes puertas de seguridad, de 16, 15 y 8 toneladas respectivamente y otros obstáculos más o menos complejos. Todo este espacio está controlado además por videovigilancia y sensores de movimiento. Sin embargo, lo más sorprendente de todo este espacio acorazado es su gran arma secreta, el agua de la propia Cibeles.

Bajo la fuente de la diosa discurre un canal de aguas, el llamado Canal de las Pascualas o de Oropesa, un río subterráneo que nutre de agua a la fuente. Resulta que en caso de que alguien tratase de asaltar la cámara se pondría

en funcionamiento un mecanismo que inundaría por completo toda la cámara, en tan solo unos segundos. Impresionante, ¿no? Un sistema disuasorio que parece sacado de un film de acción pero al que, de momento, nadie se ha atrevido a plantar cara en sus más de setenta años de existencia.

Así que si alguien quisiera robar el Banco de España que sepa que, entre otros, tendrá que vérselas con la diosa Cibeles. Quien avisa no es traidor.

LIBRERÍA DEL PASADIZO DE SAN GINÉS

DIRECCIÓN: PASADIZO DE SAN GINÉS
METRO: SOL (LÍNEA 1, LÍNEA 2, LÍNEA 3)

La historia interminable o *La sombra del viento* ambas tienen en común un elemento notable. La primera es una novela cuya adaptación al cine todos disfrutamos durante nuestra infancia, la segunda, es un libro actual que ha marcado un hito en la literatura moderna española. Las dos con un nexo, la presencia de un elemento que nos abre las puertas a la fantasía, a lo desconocido… una librería.

En Madrid, las grandes librerías han ido terminando con esos pequeños comercios de sabor añejo, de estanterías repletas de volúmenes descatalogados, donde la anarquía del lugar solo encuentra fin en la cabeza de sus tenderos. Pero todavía podemos encontrar un lugar donde esto sucede, un sitio único y brujo, la Librería San Ginés.

Ubicada en el pequeño pasadizo que lleva el mismo nombre y que va a parar a la céntrica calle Arenal, se trata de un comercio que lleva colmando las necesidades de los devoradores de páginas más peculiares desde mediados del siglo XIX. Es un lugar pequeño pero que rebosa y regala historia, encajado en la fachada del edificio. Su armazón de madera y su tejado de tejas curvas le dotan de una belleza austera, de otro tiempo.

En este sitio uno puede encontrar libros antiguos, esos que pensaba que no

Librería del pasadizo de San Ginés

hallaría en ningún punto, y también obras de segunda mano a precios, como el lugar, de otra época. Solo con echar un vistazo entre los cientos de tomos que sacan a la calle, uno recibe una experiencia igual de gratificante y enriquecedora que la propia lectura.

Curiosos y fanáticos de los libros se dejan caer por este rincón que parece sacado de alguna de las miles de páginas que encierra. Detenerse ante él un día gris y triste de invierno, y disfrutar de la escena bajo el manto amarillo que nos proporcionan las bombillas desnudas de su escaparate, nos brinda una escena encantadora. Después, para entrar en calor, basta con adentrarse unos metros en el pasadizo y disfrutar de uno de los mejores chocolates con churros de Madrid. Con o sin libro, eso ya lo decide cada uno.

CALLE DE LA CABEZA

DIRECCIÓN: CALLE DE LA CABEZA
METRO: TIRSO DE MOLINA (LÍNEA 1), ANTÓN MARTÍN (LÍNEA 1)

Rememoramos a continuación una historia un poco macabra, una leyenda que cinco siglos después aún perdura entre nosotros y que da nombre a una céntrica callejuela de Madrid, la calle de la Cabeza.

Si habéis pasado por esta pequeña vía, situada entre Tirso de Molina y Antón Martín, seguramente los azulejos donde viene su nombre habrán llamado vuestra atención. El caso es que el dibujo que representa esta calle es bastante explicativo pero mejor contaros la leyenda, tal y como dicen que ocurrió…

Al parecer, en el siglo XVI vivía allí un rico sacerdote con un criado portugués. La convivencia entre ellos se fue enquistando hasta que un día el sirviente, guiado por la envidia y por sus múltiples deudas, decidió acabar con la vida de su amo, le decapitó y huyó con todo cuanto pudo robar. Con el paso del tiempo, el crimen que había causado un importante revuelo en la sociedad se fue quedando en el olvido puesto que ni la cabeza de la víctima ni el culpable del asesinato aparecieron.

Años más tarde, el sirviente, ahora convertido en caballero, regresó a Madrid y mientras paseaba por la zona del Rastro decidió comprar una cabeza de carnero para la cena. Tras finalizar sus recados, la colocó bajo la capa y decidió volver a casa. Un alguacil observó las gotas de sangre que el caballero iba dejando a su paso y extrañado optó por darle el alto. Ante las pesquisas del vigilante, el caballero respondió que no había motivo para alarmarse ya que simplemente portaba su cena.

La sorpresa para todos, especialmente para el antiguo criado, llegó cuando fue a mostrar la cabeza del carnero pero, en su lugar, la que apareció fue la cabeza del sacerdote que había matado años atrás. El asesino no tuvo otra opción que confesar su crimen ante el espanto de todos, fue encarcelado y ahorcado en la plaza Mayor. Por su parte, la calle donde se cometió la barbarie pasó a ser conocida, ya pasa siempre, como la calle de la Cabeza.

MONUMENTO A FLEMING

DIRECCIÓN: CALLE DE ALCALÁ, 237 (JUNTO A LA PLAZA DE TOROS DE LAS VENTAS)
METRO: VENTAS (LÍNEA 2, LÍNEA 5)

Puede que dando un agradable paseo por los alrededores de la plaza de toros de Las Ventas os haya chocado ver una escultura dedicada a un científico, el doctor Fleming. Sin embargo, su presencia en este emblemático lugar está mucho más justificada de lo que quizás alguno pueda pensar.

Es probable que, al ver la foto que ilustra este apartado, alguno se esté cuestionando: «¿Qué tiene que ver el mundo de la tauromaquia con este científico escocés?». La respuesta es que mucho, ya que si hubo un gremio especialmente favorecido por el gran descubrimiento de Alexander Fleming, la penicilina, fue el de los toreros.

Hasta que se descubrió este antibiótico los toreros no solo lidiaban con los morlacos sino que además tenían que librar arduas batallas con las infecciones producidas por las cornadas. Las astas de los animales presentaban un doble riesgo para los toreros y en muchos casos, aunque la cogida no era mortal, la infección derivada de la herida sí que lo era.

Este escenario cambió durante la década de los años treinta del siglo pasado con la llegada de esta medicina. Los toreros ya no tuvieron que preocuparse más por el riesgo de infección de sus heridas y en honor a este descubrimiento, que salvó tantas vidas, en mayo de 1964 se inauguró este monumento en el que vemos a un torero brindando la faena, montera en mano, al ilustre científico escocés.

PALACIO DE LIRIA

DIRECCIÓN: CALLE DE LA PRINCESA, 20
METRO: VENTURA RODRÍGUEZ (LÍNEA 3)

Vamos con una curiosidad que conocí hace poco sobre uno de los palacios más importantes de Madrid, el palacio de Liria, residencia de la casa de Alba en la capital. Una anécdota que nos hace comprender cómo se hacían las cosas hace no tantos años, cuando el hombre solo contaba con su ingenio como arma, sin avances tecnológicos.

El edificio fue promovido por el tercer duque de Liria a finales del siglo XVIII quien quería un flamante palacio para su dinastía. El duque le dio una orden clara y concisa al arquitecto del proyecto, Gilbert, el palacio debía levantarse sobre el lugar más sano y saludable de toda la ciudad. Fue entonces cuando el francés echó mano de un método tan sencillo como primitivo.

El arquitecto optó por colocar varias tiras de carne de ternera al aire libre, repartidas por toda la ciudad, y volvió tras varias semanas a ver en qué estado de encontraban. Su sorpresa fue comprobar que casi todas estaban en avanzado estado de putrefacción menos una que se conservaba mucho mejor. Esta, situada al final de la calle de los Afligidos (actual calle Princesa) se beneficiaba de los aires procedentes de la sierra y mostraba un aspecto más saludable. En

Palacio de Liria

ese momento, Gilbert tuvo claro donde se debería de levantar el futuro palacio.

De esta forma podemos decir que un trozo de carne marcó la ubicación exacta donde se construiría el elegante y refinado palacio de Liria. Curioso, ¿verdad?

CUATRO TORRES BUSINESS ÁREA (CTBA)

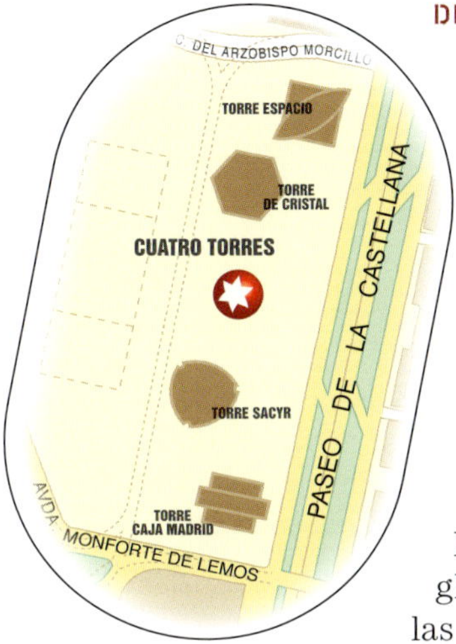

DIRECCIÓN: PASEO DE LA CASTELLANA, 259
METRO: BEGOÑA (LÍNEA 10)

En este libro he hablado, y mucho, del Madrid que nos transporta a épocas pasadas, el que nos recuerda a otros siglos y otras formas de pensar. Aquel pequeño núcleo urbano que se revoluciona con la llegada de la corte en 1561, momento en el cual se disparan un buen puñado de acelerados cambios. Sin embargo, no vería justo dar la espalda a la otra cara de la ciudad, el Madrid del siglo XXI, moderno y frenético, por eso creo que las Cuatro Torres también merecen su hueco.

Supongo que estos cuatro rascacielos son el secreto menos discreto de todos los que he hablado. Su llegada al *skyline* de Madrid estuvo llena de controversia. Su mastodóntico tamaño generó muchas voces encontradas pero el resultado final es, a mi parecer, espectacular y convincente. El pueblo madrileño, acostumbrado a recibir al forastero con los brazos abiertos, ya ha asimilado en sus retinas esta novedosa presencia y ahora, no hay imagen o diseño que nos intente evocar a Madrid y que no cuente con estos cuatro gigantes.

La denominación oficial de este enorme parque empresarial es Cuatro Torres Business Area (CTBA) pero se ha quedado en las Cuatro Torres. Un arriesgado contrapunto al Madrid más castizo que poco a poco se está ganando el cariño de la gente. Construidas entre 2004 y 2008 sus alturas van comprendidas desde los 230 metros de la más pequeña, la Torre Espacio, hasta los 250 metros de la mayor de todas, la Torre Bankia.

Estamos hablando de los cuatro edificios más altos de la ciudad y de todo el país, descomunal complejo destinado principalmente a oficinas pero que también cuenta con un hotel de lujo (en las primeras 31 plantas de la Torre Espacio) y que además esconde sorpresas como el jardín vertical de la Torre Cristal, un gran tapete verde que recorre el tramo final de una de las caras del edificio.

© Álvaro Benítez Álvez

Sin embargo, tras su construcción, una de las cosas que más dio que hablar y que más teorías suscitó fue una intermitente luz verde que salía de una de ellas, en concreto de la Torre Espacio. Una misterio especialmente visible por la noche y que se puede percibir desde muy larga distancia. Esta luz corresponde a una capilla católica que alberga el edificio, con capacidad para 50 personas, en la que se celebra misa todos los días. Está, nada más y nada menos, que a 135 metros de altura sobre el nivel del suelo, siendo por ello una de las más altas del mundo.

La gente está acostumbrada a juzgar y valorar a estos cuatro rascacielos desde la distancia pero a los que todavía no los conocen de cerca, les invito a hacerlo. Desde los jardines y plazas que se levantan a sus pies, contemplar estos cuatro colosos a ras de suelo impresiona y corta el aliento. Hasta hace poco se les miraba con cara de extrañeza, quizás dentro de no mucho su estilo ya no desentone tanto con el del resto de la ciudad.

PLAZA DEL ALAMILLO

DIRECCIÓN: PLAZA DEL ALAMILLO
METRO: LA LATINA (LÍNEA 5)

Uno de mis grandes placeres y desafíos en Madrid a lo largo de estos años ha sido el encontrar el mayor número de rincones desconocidos por la mayoría y en los que uno puede disfrutar del silencio. He querido desmitificar eso de que Madrid solo es ruido y estrés y, posiblemente, el mejor argumento que he encontrado es la plaza del Alamillo.

Recuerdo de forma nítida la primera vez que accedí a este rincón. Subía por la plaza de la Paja y a mano derecha ví unas estrechas calles en cuesta que me invitaron de forma descarada a atravesarlas. Cuando lo hice llegué a esta pequeña plaza donde impera el descanso. Una fiesta a la que el ruido y el estrés no están invitados. Ante mis ojos tenía el Madrid más medieval que nunca había visto. Lo más agradecido de todo es que en el centro de la misma hay unas sillas en las que uno se puede sentar tranquilamente y disfrutar con los colores de las fachadas y de sus simpáticas inclinaciones mientras guiña un ojo al pasado.

Hasta esta plaza llegan cuatro angostas calles, la del Alamillo, la de la Morería, la del Toro y la de Alfonso VI. Lo que hoy es uno de los rincones más apacibles del centro de la ciudad, fue hace unos cuantos siglos el centro administrativo de la antigua morería. De hecho, en este

Plaza del Alamillo

lugar estuvo situado el alamud o alamín, el tribunal que impartía justicia en el barrio. Es interesante el contraste y la evolución que ha sufrido esta plaza; de ser un punto altamente transitado y agitado a ser lo que es hoy en día. Como vemos, la existencia de esta plaza viene de muy lejos y lo interesante es que ha sabido mantener ese trazado medieval que la hace tan bonita. (Los inmuebles que la flanquean sí que son ya posteriores).

En lo referido a su nombre existen varias teorías, la más aceptada es que su toponimia deriva de aquel tribunal o alamín que estuvo aquí situado. La segunda, nos habla de un álamo que estuvo plantado en el centro de la plaza y que fue derribado tras el paso de un potente huracán.

Sea cual sea, lo que no tiene discusión es que se trata de uno de los rincones más acogedores y fascinantes de Madrid. De hecho, dicen que bajo la plaza existen pasadizos subterráneos que llevaban a la desaparecida Casa del Pastor. Como curiosidad añadir que Pedro Almodóvar grabó alguna escena de *Tacones Lejanos* en un bajo de esta plaza. La próxima ocasión que os encontréis en La Latina destinad parte de vuestro tiempo en conocer este antiguo centro de la morería, testigo de primera mano de lo que fue y es Madrid.

LAS ESTATUAS DE LA PLAZA DE ORIENTE

DIRECCIÓN: PLAZA DE ORIENTE
METRO: ÓPERA (LÍNEA 2, LÍNEA 5)

Hace ya un buen tiempo, leyendo descubrí un curioso nexo de unión entre mis dos ciudades, Pamplona y Madrid, así que tan pronto como investigué sobre esta extraña relación me apresuré a compartirla con todos vosotros. ¿Os podéis imaginar qué tienen en común el paseo Sarasate de Pamplona y el Palacio Real de Madrid?

Uno de los edificios más impresionantes de todo Madrid es el Palacio Real. Tras el incendio de la antigua residencia de los reyes en 1734, Felipe V mandó construir un nuevo alojamiento para los monarcas, eso sí, este completamente de piedra para protegerlo de las llamas. Más de dos siglos después de su construcción, su majestuosidad sigue dejando con la boca abierta a más de uno.

En el proyecto original la cornisa de este gran edificio iba a estar decorada por 108 esculturas de gran tamaño. Estas representarían a los monarcas de los diferentes reinos relacionados con la monarquía española: América, Portugal, Castilla, Aragón, Galicia, Navarra y a los distintos reyes de España.

Finalmente, nunca se colocaron en su ubicación original. ¿El motivo? A día de hoy no está claro. Una primera hipótesis dice que el peso de todas ellas podía dañar la estructura del edificio pero a mí me gusta más la segunda teoría, aunque seguramente más improbable. La reina Isabel de Farnesio (esposa de Felipe V), supersticiosa y paranoica, tuvo varias pesadillas en las que veía cómo un terremoto sacudía

la ciudad de Madrid y las estatuas terminaban por caer encima suya hasta aplastarla. Estos perturbadores sueños podían ser una premonición sobre el final de la monarquía por lo que Isabel instó a su hijo, el rey Carlos III, a colocar las estatuas en otro lugar «menos peligroso».

El caso es que el tejado del Palacio Real nunca contó con toda esta ilustre compañía y las figuras de piedra permanecieron guardadas en unos sótanos subterráneos hasta que Isabel II llegó al trono y decidió repartir estas esculturas por toda la ciudad y por toda la geografía española.

Muchas de ellas no tuvieron un viaje demasiado largo y se quedaron en la plaza de Oriente o en los jardines de Sabatini, a escasos metros de su ubicación original, pero otras llegaron a sitios como El Ferrol, Vitoria o… Pamplona. En 1885 comenzó la reurbanización del paseo Sarasate (una de las calles principales del centro de la ciudad) y se optó por adquirir varias de estas esculturas para adornar el paseo. La idea era traer las de distintos reyes de Navarra, como Sancho el Fuerte o Iñigo Arista.

La realidad fue bien distinta ya que se enviaron seis esculturas (una reina y cinco reyes) aunque sin atender al deseo sobre su identidad. Solo dos de ellas, la de Felipe III y la de García Ramírez el Restaurador, tienen algo que ver con Navarra puesto que las otras cuatro no se sabe a ciencia cierta a quién representan.

Cada vez que camino por el paseo Sarasate y miro estas estatuas no puedo evitar pensar que en su día estuvieron destinadas a rematar el Palacio Real. Ahora, a 400 kilómetros de su ubicación original, adornan Pamplona y hacen que allí también tengamos presente un trocito de Madrid y, por supuesto, de su historia.

DIRECCIÓN: GLORIETA DE BILBAO, 1
METRO: BILBAO (LÍNEA 1, LÍNEA 4)

Madrid no es solo una gran ciudad con un único perfil, el de sus rincones rebosantes de encanto y secretos agradables; a lo largo de su historia también ha sido escenario de situaciones trágicas, momentos oscuros y crímenes. Uno de los más conmovedores fue el que sucedió junto a la glorieta de Bilbao, en la calle de Fuencarral. Un asesinato con demasiadas sombras y cuya huella, al parecer, aún se percibe de una manera muy sutil.

Mañana del 2 de julio de 1888, de uno de los pisos del portal 109 situado en la calle de Fuencarral, más concretamente del segundo izquierda, comienza a salir un fuerte humo negro y un intenso olor a carne quemada. La policía, alertada por los vecinos, entra en el domicilio y se encuentra a doña Luciana Borcino, una señora de la alta sociedad y conocida de la época, tumbada boca arriba en una de las alcobas y cubierta con unos trapos ardiendo. En la habitación de al lado, su nueva sirvienta, Higinia Balaguer, y la mascota de la señora, un perro de la raza bulldog, ambos aparentemente narcotizados.

La autopsia de la policía demostró que la víctima había sido asesinada previamente mediante tres cuchilladas, una de ellas en el corazón. Ahora faltaba averiguar quién estaba detrás del asesinato. Pronto todas las miradas se centraron en la criada aunque rápidamente entró un nuevo personaje en la trama, el hijo de Luciana, José Vázquez, un joven con no muy buena fama, un importante historial delictivo a sus

espaldas y una ambición: la suculenta fortuna que le proporcionaba a su madre 50 000 duros al año a través de numerosos alquileres.

Este crimen causó una enorme conmoción en la sociedad del momento, alcanzando una descomunal repercusión en los medios de comunicación. El pueblo de Madrid siguió con atención todos los avatares del caso. Todo el mundo se pronunciaba a favor de Higinia o de José y conjuraba sus propias teorías sobre el asesinato. Un dramático suceso que hizo correr ríos de tinta y al que todavía se le sumaron varios personajes secundarios.

Finalmente, el 26 de marzo de 1889 comenzó, en medio de una gran expectación, el juicio en el que Higinia se declaró autora del crimen. Pese a ello, incurrió en numerosas contradicciones que hacen que en la actualidad, más de un siglo después, aún no se sepa a ciencia cierta cuántas personas participaron en el asesinato, ni los verdaderos motivos que les llevaron a hacerlo. La sirvienta fue ejecutada en el garrote vil un 19 de junio de 1890. Más de 20 000 personas asistieron a su ejecución. Por su parte, José Vázquez aún se vio envuelto en otra muerte más, la de una prostituta que se precipitó desde una ventana de la calle Montera. Por este acto sí que resultó condenado a 14 años de prisión.

Como os he dicho al principio, el recuerdo de este famoso crimen aún se puede intuir en el Madrid actual por una extraña circunstancia. Si paseamos por la calle de Fuencarral vemos que misteriosamente del portal número 107 se salta directamente al 111. Parece como si se hubiera intentado borrar para siempre aquel fatídico número 109. ¿Casualidad?

TRADICIÓN DE SAN ANTÓN

DIRECCIÓN: CALLE DE HORTALEZA, 63
METRO: CHUECA (LÍNEA 5),
TRIBUNAL (LÍNEA 1, LÍNEA 10)

Cada 17 de enero, es la festividad de San Antón, fecha en la que muchas personas acuden a la céntrica iglesia del mismo nombre para que sus mascotas sean bendecidas y gocen de un año entero de buena salud. ¿De dónde viene esta tradición?

San Antonio o Antonio Abad fue un monje cristiano que llevó una vida austera que a lo largo de su prolongada existencia (se dice que alcanzó los 105 años de edad) siempre mostró un enorme amor por los animales, los cuidaba y mimaba con esmero. Por ese motivo fue nombrado patrón de los animales y desde entonces siempre se le representa vestido con su hábito de monje y con un cerdo a sus pies.

Antiguamente, la gente del campo se encomendaba al santo para que este protegiese uno de sus bienes más preciados, sus animales, ante posibles enfermedades como la peste o ataques de depredadores; la bendición de san Antón se convertía en una protección ante las amenazas externas. Una tradición que se sigue haciendo ahora también en las ciudades, como buena muestra de ello es Madrid.

Desde primera hora de la mañana, cientos de personas se desplazan y hacen cola con sus

mascotas hasta la calle Hortaleza para asegurase la protección/bendición del santo. Ya por la tarde se hace una romería por las calles cercanas, las conocidas Vueltas de San Antón. Es una festividad que tiene mucho arraigo y seguimiento en la ciudad y por la cual se llevan a cabo diferentes actividades como la lectura de un pregón, o eventos y actividades destinadas tanto para los dueños como para sus mascotas.

CALLE DE MANUEL

DIRECCIÓN: CALLE DE MANUEL
METRO: VENTURA RODRÍGUEZ (LÍNEA 3), PLAZA DE ESPAÑA (LÍNEA 3, LÍNEA 10)

No resulta especialmente agraciada, tampoco aloja ningún rincón digno de fotografiar o conserva alguna joya oculta. Es una calle abocada al anonimato pero la he elegido para figurar en este libro ya que con ella comparto, nada más y nada menos, que el nombre. La calle de Manuel posiblemente nunca saldrá en las guías turísticas pero también tiene una historia que merece ser escuchada.

La primera vez que tuve conocimiento de su existencia fue volviendo de comer de un restaurante próximo, cuando levanté la vista y leí su nombre no puede evitar una sonrisa en mi cara. ¡Madrid escondía una calle con mi nombre! Angosta, breve y de carácter apagado, une la plaza de Cristino Martos con la travesía del Conde Duque, muy cerquita de plaza de España.

Tan pronto como supe que existía quise investigar quién era ese famoso Manuel y cuáles habían sido sus méritos para tener una calle en el centro de Madrid. Por lo que he podido averiguar, fue un chico que vivió aquí a mediados del siglo XVII. De carácter noble y de gran valor, Manuel no se amedrentaba fácilmente ante los malhechores de la zona. Robusto y fuerte, tampoco

dudaba en plantar cara a quienes se le acercaban con dudosas intenciones.

Nuestro protagonista se ganaba la vida siendo el chico de los recados del Colegio de los Irlandeses que se levantaba cerca. Allí servía y ayudaba en todo menester que pudiera colaborar. A esta institución estuvo prestando sus servicios unos cuantos años hasta que en la Nochebuena de 1634 los colegiales abandonaron el edificio. De este modo se quedó Manuel solo para su vigilancia y, sobre todo, al cuidado de una imagen de la Virgen de los Afligidos que allí había.

No obstante, los logros del joven no quedaron en cuidar el edificio durante varios años, hasta que lo ocuparon los monjes premostratenses de San Norberto, su gran mérito fue salvar la vida de una chica de las fauces de un lobo. Según la tradición, una criada de doña Ana González llegaba a la villa montada sobre un burro desde una hacienda cercana cuando un lobo comenzó a perseguirla. Ella trató de disuadirle lanzándole algo de comida que llevaba encima pero el animal parecía tener otros objetivos en mente.

Cuando la muchacha, viendo la insistencia del lobo, empezó a temer por su vida, se encomendó a la Virgen de los Afligidos. Fue en ese momento cuando apareció la figura salvadora de Manuel, que dio muerte al animal y libró a la joven de un trágico final. De este modo, gracias a su gallardía y su gesto, Manuel se ganó el reconocimiento eterno de Madrid.

CASA GALLARDO

DIRECCIÓN: CALLE FERRAZ, 2
METRO: PLAZA DE ESPAÑA (LÍNEA 3, LÍNEA 10)

Ocupa una de las cuatro esquinas de la plaza de España, más concretamente la que enlaza con la calle Ferraz. Una magnífico edificio vestido de blanco, extraordinariamente recargado y rematado con un tejado y cúpulas oscuras que hacen un seductor contraste. Es la Casa Gallardo, una de las más espectaculares y desconocidas construcciones de la urbe. Cuando hablamos de esta céntrica explanada nos vienen a la mente sus dos rascacielos, el Edificio España y la Torre Madrid. Pocos o ningún recuerdo para ella.

La primera vez que este edificio y yo nos cruzamos las caras fue en verano de 2007. Yo había quedado para mirar un piso en la zona y de pronto recuerdo el estar contemplándolo como quien acaba de ver una aparición del más allá. Me quedé absorto y estático tratando de asimilar su monumental belleza. También me di cuenta que mucha gente lo ignora, caminando en su regazo, sin regalarle los segundos que merece. Los árboles de la plaza de España le restan visibilidad y solo cuando lo miras desde la acera de enfrente, como me sucedió a mí, le reconoces todo su mérito.

Un reconocimiento que sí tuvo en 1915 cuando el Ayuntamiento de Madrid lo premió como la casa mejor construida de la ciudad. Su engendramiento había comenzado unos años antes, en 1911, cuando las hermanas Esperanza y Asunción Gallardo encargaron al arquitecto Federico Arias una profunda reforma del edificio que, con

anterioridad, ocupaba este cotizado solar. Un elemento que nos permite identificar esta impactante construcción es una «G» dorada en la cúpula que corona la casa, en honor al apellido de sus dos mecenas.

La Casa Gallardo es un edificio que nos seduce con una fachada colmada de suaves curvas. Un ejemplo arrebatador del modernismo tardío madrileño. Sus numerosos miradores y sus trabajados elementos florales lo delatan como edificio típicamente modernista. Es tal la cantidad y la calidad que se advierte en sus paredes que da la sensación de que su autor fue más un escultor que un mero arquitecto.

Esta es una de las muchas y magníficas obras que hereda Madrid de la primera parte del siglo XX, un periodo que supone una auténtica revolución arquitectónica y que nos ha regalado maravillas como el palacio de Linares, el Palacio de Telecomunicaciones o el Edificio Metrópolis. La única diferencia de estos con la Casa Gallardo está en su ubicación. Los primeros situados de manera ideal para ser vistos sin trabas y desde muy variados puntos; nuestra protagonista, sin embargo, relegada a una esquina en la que pocos se fijan. Sin embargo, ella sabe que su belleza no tiene nada que envidiar al resto.

CONVENTO DE LAS DESCALZAS REALES

DIRECCIÓN: PLAZA DE LAS DESCALZAS, 3
METRO: GRAN VÍA (LÍNEA 1, LÍNEA 5), CALLAO (LÍNEA 3, LÍNEA 5)

La realidad del siguiente secreto del que os voy a hablar es llamativamente curiosa. A pesar de aparecer en numerosas guías y libros de Madrid como uno de los lugares imprescindibles de la ciudad, tengo la impresión de que no está, ni de lejos, tan valorado como se merece. No tiene el tirón comercial del Prado o el Thyssen ni a sus puertas se agolpan cientos de turistas, cámara en mano. Sin embargo, el monasterio de las Descalzas Reales guarda con celo un patrimonio único y exquisito.

A pocos metros del bullicio de la Gran Vía y a espaldas del jaleo comercial que sacude a Preciados se ubica el monasterio de Nuestra Señora de la Visitación o de las Descalzas Reales como se le conoce más popularmente. Esta construcción pasa casi desapercibida desde fuera. Algo que cambia radicalmente en cuanto pisamos su interior.

El monasterio, en el que actualmente siguen viviendo monjas de clausura, ocupa el palacio donde pasaron diferentes temporadas Carlos I e Isabel de Portugal y en donde nacieron varios de sus descendientes, entre ellos la futura Juana de Austria. Fue esta la que, tras enviudar muy joven y haber tenido un hijo, decide fundar en 1559 este convento de clarisas coletinas. La nota diferenciadora de este convento es que a lo largo de los años ingresaron en él diversas mujeres de la casa real y de la más alta aristocracia que aportaron muy valiosas donaciones y regalos; lo que además explica su espectacular patrimonio en forma de obras de arte.

El recorrido por el interior de este lugar solo se puede hacer mediante visitas guiadas y con grupos bastante reducidos –solo se permite la entrada a 80 personas por día, 40 por la mañana y 40 por la tarde–. El acceso no es sencillo pero el esfuerzo y la espera merecen la pena. De verdad, resulta imposible imaginar lo que se esconde tras los muros de este lugar. Lo cierto es que son muchas

las sorpresas que esperan al visitante y prefiero que seáis vosotros los que las descubráis a cada paso. No obstante, os anticipo la espectacular escalera principal con sus frescos, el claustro con sus pequeñas y ricas capillas o los tapices de Rubens en la enorme sala donde antaño tenían sus celdas las monjas.

Lo que más impresiona del convento es la enorme tranquilidad y calma que se respira a pesar de estar a escasos pasos de Sol. Un lugar espectacularmente rico, con un patrimonio inmenso que refleja varios siglos de la historia de España y que nos ayuda a entender mejor la época de los Austrias. El monasterio de las Descalzas Reales es uno de esos sitios que hay que visitar cada cierto tiempo para refrescar las sensaciones que despierta al visitante. Un espacio cuya paz solo se vio perturbada durante la Guerra Civil cuando la comunidad abandonó el convento y las obras de arte se pusieron a buen recaudo. Una vez finalizó el conflicto, el monasterio volvió a ese remanso de paz en el que lleva sumido desde el siglo XVI.

DIRECCIÓN: PASEO DE LA ALAMEDA DE OSUNA S/N
METRO: EL CAPRICHO (LÍNEA 5)

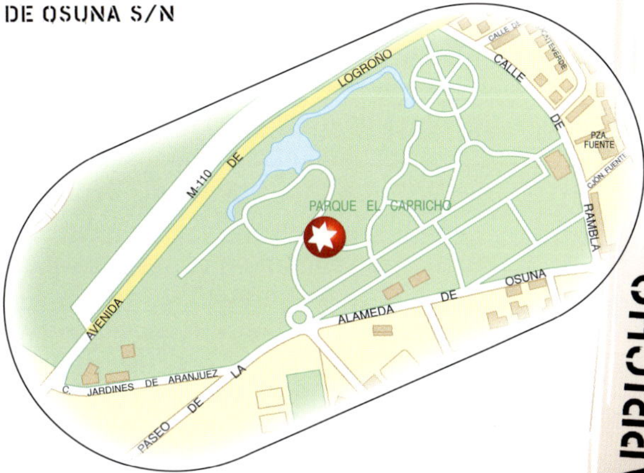

PARQUE EL CAPRICHO

Ni el Retiro, ni el parque del Oeste; a mi juicio, el espacio verde de Madrid más espléndido y hermoso es el parque de El Capricho. Un lugar de auténtico cuento, que se extiende a lo largo de 14 hectáreas en la Alameda de Osuna, muy próximo al Aeropuerto de Barajas. Un sitio para perderse y sorprenderse con cada una de las construcciones que lo salpican. Palacios, estanques, puentes, caminos… todo bañado en un ambiente onírico que nos hará plantearnos más de una vez si estamos despiertos o dormidos.

Estoy convencido de que dentro de los parques de Madrid estamos ante el más infravalorado, en gran parte por su distancia tan alejada del centro. Pero se da la casualidad que por ese motivo los duques de Osuna en el siglo XVIII decidieron comprar este basto terreno, para construir una gran finca de recreo en la que dar rienda suelta a sus gustos y caprichos, de ahí su nombre. Para ello, no repararon en gastos y su gran impulsora, María Josefa de la Soledad Alonso Pimentel no tembló al contratar a los mejores paisajistas, artistas y jardineros de la época. La apuesta le salió realmente bien.

Son tantas las sensaciones que uno percibe al caminar por este lugar que es complicado plasmarlas en una hoja. Salvando las distancias, dentro de este sitio uno tiene la percepción de estar en una especie de parque temático, en el que a cada paso descubrimos una atracción, en este caso, rincones, edificios o espacios que entre sí no están aparentemente conectados pero que forman un conjunto armónico inigualable.

Algunos ejemplos de lo que digo son la casa de la Vieja (una vivienda rústica que a mí me recordó a la casa de la bruja de los cuentos que nos narraban de pequeños), la ermita (donde realmente habitó un ermitaño), el embarcadero chinesco (un pequeño embarcadero donde los duques guardaban las barcas que usaban para navegar), el templo de Baco, el laberinto, la plaza de los Emperadores o el parterre de los Duelistas (en donde se levantan dos columnas que se encuentran a 40 pasos una de la otra, la distancia reglamentaria para batirse en duelo).

Como podéis ver, cada una de estas edificaciones merecería un secreto para sí sola. Si a esto le añadimos la presencia de jardines de estilo francés, inglés e italiano, un lago, canales, fuentes y demás, la propuesta no puede ser más sugerente e irrechazable. En el interior del recinto habita además una interesante fauna, pájaros de diversos tipos además de cisnes, ardillas o musarañas entre otros.

Por tener, El Capricho tiene hasta varios búnkers ya que durante la Guerra Civil este lugar se convirtió en el cuartel general del Ejército del Centro. Muchos años después de aquello el Ayuntamiento de Madrid lo compró en 1974 y lo restauró. Después de caer en el abandono, en 1999 lo volvió a recuperar convirtiéndolo en una de las joyas de Madrid. Una de sus peculiaridades es que solo se abre los sábados y los domingos y aunque la entrada es gratuita el aforo es limitado para que pueda ser contemplado sin agobios y de manera tranquila.

El Capricho es una de las mejores propuestas para pasar una jornada inolvidable de paseo (se ve en una mañana o en una tarde). Os recomiendo que os perdáis entre su verde y quedaréis prendados de sus edificaciones. Solos o en romántica compañía, os sentiréis protagonistas de esos mundos con los que fantaseábamos de niños.

ESCUELA TÉCNICA SUPERIOR DE INGENIEROS DE MINAS DE MADRID

DIRECCIÓN: CALLE DE RÍOS ROSAS, 21
METRO: RÍOS ROSAS (LÍNEA 1)

Cuando piensas que ya conoces casi todo de la ciudad, Madrid siempre logra dar otro giro de tuerca. Una nueva sorpresa con la que deslumbrarte y que precisamente visualicé, casi a diario, durante varios años ya que estaba a tan solo unos 100 metros de mi antigua oficina. Mucho después conocí, con sonrojo, los secretos que ocultaba este alucinante edificio, la Escuela Técnica Superior de Ingenieros de Minas de Madrid.

El germen de esta institución lo tenemos en la Academia de Minas que se pone en marcha durante el reinado de Carlos III en la localidad de Almadén. Posteriormente, la institución se traslada a la capital en 1835 y pasa por diferentes emplazamientos hasta que en 1893 se concluye la magnífica sede que desde entonces ocupa en Chamberí. Su autor es el arquitecto Ricardo Velázquez, quien también proyectó el Ministerio de Agricultura en Atocha. Del exterior del edificio destacan sus murales de azulejos, obra de Daniel Zuloaga.

Cuando estuve visitando este sin par edificio era un día lectivo normal, la presencia de los alumnos charlando en las mesas de sus galerías me hizo añorar mis tiempos de estudiante. Tras pedirle permiso al bedel para entrar y poder visitar el centro pude explorar todos sus rincones, con los ojos bien abiertos para no perder detalle. Reconozco que el lugar me cautivó nada más atravesar su vestíbulo.

La visión que tiene el visitante al cruzar el umbral de su puerta no puede ser más exquisita. Lo más impresionante de este sitio es su

luminoso patio central desde el cual vemos las dos alturas que dan vida al edificio. Este se encuentra bordeado por dos galerías, rematadas con arcos y columnas, a través de las cuales se accede a todas las dependencias de la institución.

El techo de cristal da vía libre al paso de la luz natural, algo que es muy agradecido. El aspecto de la escuela se ha conseguido mantener inalterable con el paso del tiempo, lo que le da un sabor especial, recordando a esas universidades británicas que tantas veces hemos sentido en las películas y en los libros. Una percepción que se acentúa mucho más al entrar en la biblioteca de la escuela. Realmente, una estancia que os dejará sin palabras, completamente de madera, donde cientos de volúmenes, fósiles y minerales aguardan tras sus vitrinas. Un lugar de aspecto solemne y vetusto pero con una personalidad arrolladora.

Después de recorrer la biblioteca volví a perderme entre los alumnos, recorriendo las galerías del patio, las maquetas expuestas en la planta baja e incluso subí a uno de sus torreones donde, si no recuerdo mal, estaba la Delegación de Alumnos. Allí, me asomé por una de sus ventanas para disfrutar con los tejados de Chamberí.

Pero este lugar aún guarda otro as debajo de la manga, en concreto, escondido bajo tierra, ya que alberga la mina Marcelo Jorissen. Se trata de una réplica que se construyó para que los alumnos pudieran hacer prácticas. Bautizada con el nombre del que fuese director de la escuela entre 1963 y 1967, nos permite descender a 25 metros bajo tierra y recorrer una galería de 50 metros de largo. Una fiel reproducción de una mina de carbón que cuenta con todos los elementos de una de verdad, incluyendo sus características vagonetas, y que se puede visitar de forma gratuita el primer domingo de cada mes. Como veis, Madrid nunca deja de sorprender.

EL RATONCITO PÉREZ

DIRECCIÓN: CALLE DEL ARENAL, 8
METRO: SOL (LÍNEA 1, LÍNEA 2, LÍNEA 3)

Durante nuestra infancia la inmensa mayoría de nosotros recibimos la visita nocturna de un pequeño roedor, el Ratoncito Pérez. Un personaje de cuento que se pasaba la vida recogiendo los dientes que los niños colocaban bajo su almohada a cambio de dejarles un regalo. Hasta aquí nada nuevo, lo sorprendente de este personaje es cómo y por qué se creó. Una historia que tomó forma entre las grandes salas del Palacio Real y que se utilizó para tranquilizar y entretener a un futuro monarca. Una fábula que dio lugar a una leyenda pero que aún se percibe de forma muy real en Madrid, más concretamente en el número 8 de la calle del Arenal.

Tras la muerte de Alfonso XII tuvo lugar la regencia de María Cristina hasta que el futuro rey, Alfonso XIII cumpliese la mayoría de edad y fuese coronado en 1906. El joven Alfonso acostumbrado a todo tipo de facilidades y mimado hasta el extremo, se convirtió en un niño asustadizo y que se alarmaba ante cualquier contratiempo, como la caída de su primer diente de leche.

Su madre para tratar de tranquilizarlo encargó al padre Luis Coloma que escribiese un cuento para el niño a fin de calmarlo y rebajar sus tensiones. El padre jesuita no tardó mucho en redactar las 13 páginas que dura el relato y que narra las aventuras del rey Buby I (apodo con el que llamaba de forma cariñosa María Cristina a su hijo) quien tras perder su primer diente lo colocó debajo de la almohada, junto a una carta, y esa misma noche recibió la visita del Ratoncito Pérez.

En la historia del padre Luis Coloma, el Ratoncito Pérez y Buby, convertido en roedor por un hechizo de su nuevo compañero de fatigas, marchan juntos por la noche recolectando los dientes de los demás niños y finalmente llegan a la morada del Ratoncito Pérez. Esta se hallaba ubicada en un lugar real, la trastienda de la pastelería Carlos Prast, situada en la calle Arenal número 8. Allí, Buby conoce a toda la familia de su nuevo amigo, que vivía dentro de una caja metálica de galletas Huntley (las favoritas del futuro Alfonso XIII).

Hoy en día dicha confitería ya no existe y en su lugar hay unas galerías comerciales pero numerosas placas oficiales, y una pequeña estatua de metal de nuestro protagonista de hoy, recuerdan que en dicho lugar «tiene» su casa el Ratoncito Pérez. Además, en la primera planta del edificio se encuentra la Casa Museo del Ratón Pérez, un lugar donde sorprender a los más pequeños y en el que hay un buzón donde los niños pueden depositar sus cartas y, por supuesto, sus dientes.

ANTIGUA EMBAJADA BRITÁNICA EN MADRID

DIRECCIÓN: CALLE DE FERNANDO EL SANTO, 16
METRO: ALONSO MARTÍNEZ (LÍNEA 4, LÍNEA 5, LÍNEA 10), COLÓN (LÍNEA 4)

Dentro de Chamberí, en el barrio de Almagro podemos encontrar algunos de los edificios más bonitos de Madrid, pasear por estas calles es una delicia. ¿El motivo? A principios del siglo XX buena parte de la aristocracia madrileña instaló aquí su residencia levantando bellos palacetes. Es en esta zona donde se fijaron también numerosas embajadas destacando por encima del resto, por su rompedor diseño una: la que se situaba en la calle de Fernando el Santo, 16.

En ocasiones me gusta utilizar los avances que nos brinda Internet para recorrer Madrid desde el cielo a golpe de ratón. De esta forma puedo visualizar calles y edificios a vista de pájaro, en busca de rincones a explorar. Un día me sorprendió ver una silueta blanca, de forma circular, en la que nunca antes había reparado. Era como si hubiesen colocado una enorme rosquilla en mitad de Chamberí, ¿de qué se trataba?

Me acerqué para ver con mis propios ojos este original bloque de planta circular y averigüé que se trataba de la antigua sede de la embajada británica. Levantada en el punto donde antiguamente se alzaba el palacete del marqués de Álava, hablamos de un edificio que se construyó en 1966 y que estuvo cumpliendo con esta función durante casi cuatro décadas. Su diseño, obra de W. S. Bryant, está inspirado en una plaza de toros, de ahí la forma, en torno a un gran patio central.

Estamos hablando posiblemente de uno de los edificios más originales e innovadores de Madrid. Pensad que si hoy en día nos sigue sorprendiendo su corte, la revolución que tuvo que causar en el momento de construirse... Aparentemente, desde el exterior, parece un edificio de oficinas vulgar y corriente, sin embargo, cuenta con varias peculiaridades como un búnker en la tercera planta o la capacidad de autoabastecimiento energético. Además, dispone de piscina y un club social. Está claro que es un edificio que guarda muchas sorpresas y secretos.

En el momento de escribir estas líneas el futuro de este impresionante bloque es bastante incierto. La embajada británica se trasladó hace unos años a la Torre Espacio ya que la antigua sede se les había quedado pequeña y obsoleta. El edificio fue vendido por una cifra cercana a los 50 millones de euros y, al no estar protegido, podría ser demolido por sus nuevos dueños para levantar viviendas. Confío en que esto no pase y nos priven de una de los perfiles más simpáticos y rompedores de toda la ciudad.

ESTACIÓN FANTASMA DE CHAMBERÍ

DIRECCIÓN: PLAZA DE CHAMBERÍ
METRO: IGLESIA (LÍNEA 1)

Aquellos eran mis primeros días viviendo en Chamberí. De camino a mi estación de destino, Iglesia, a bordo de uno de los vagones de la Línea 1 que día tras día recorren las entrañas de Madrid, algo llamó mi atención al otro lado del cristal. Un atisbo de vida entre esas interminables galerías de oscuridad casi infinita. Una y otra vez, siempre la misma aparición casi espectral, con la sensación de ser al único de todo el tren al que le sorprendía esa fugaz presencia. Un día, cansado de preguntas sin respuesta decidí aportar un poco de luz a este misterio y, por fin, pude saber que se trataba de la antigua estación de metro de Chamberí.

La mejor noticia que obtuve en esta búsqueda fue que este lugar estaba abierto al público. Ya nada podía evitar mi encuentro con este sitio. Acostumbrado a nuestras efímera citas, me acerqué hasta el cruce entre Santa Engracia y Luchana y allí encontré el moderno acceso que me transportaría de un modo mágico al pasado.

La estación de Chamberí, o la «estación fantasma» como también la han bautizado algunos, se inauguró en octubre de 1919. Ella fue una de las ocho paradas con las que contaba la primera línea de metro de la ciudad y que hacía el siguiente recorrido: Cuatro Caminos, Ríos Rosas, Martínez Campos (actual Iglesia), Chamberí, Glorieta de Bilbao, Hospicio (actual Tribunal), Red de San Luis (actual Gran Vía) y Puerta del Sol.

De aquel trazado original todas las estaciones siguen funcionando con normalidad, todas menos nuestra misteriosa protagonista. ¿Qué

DIRECCION
C. CAMINOS
TETUAN
METRO

sucedió con ella? Muy sencillo, durante los años sesenta y por el crecimiento del número de pasajeros se decidió aumentar la longitud de los trenes del metro añadiendo vagones, hasta un total de seis. Como consecuencia hubo que acondicionar las estaciones aumentando la longitud de los andenes, de sesenta a noventa metros. El problema llegó con la estación de Chamberí ya que su situación en curva y su proximidad a Iglesia y a Bilbao hicieron imposible su readaptación a los nuevos tiempos. Por este motivo, un 21 de mayo de 1966 dejaba de funcionar para siempre.

Así estuvo, cerrada a cal y canto, soportando actos vandálicos durante cuatro décadas hasta que se optó por darle un lavado de cara y abrirla al público para que intentásemos asimilar mejor cómo era aquel Madrid de hace no tanto y, la verdad, lo consigue. Si hay algún lugar donde tienes la peliaguda sensación de que las manecillas del reloj se detuvieron para no avanzar nunca más, ese es este.

Resulta casi indescriptible lo que percibes al adentrarte en esta vieja estación. Los azulejos blancos (utilizados de este color para disminuir la sensación de claustrofobia) dominan la escena. Atravesar las taquillas originales donde se compraban los billetes, los vetustos tornos de entrada y salida... toda la zona de acceso está tal y como era antiguamente. Sin embargo, lo más fascinante de todo estaba por llegar: el andén del metro, enmarcado por una gran bóveda y luciendo llamativos anuncios publicitarios, realizados también con azulejos. Por fin tenía ante mis ojos ese enigmático lugar que tantos pensamientos me había robado. Todo retazos de una época que algunos quisieron olvidar, pero nada más lejos de la realidad. Bajo el suelo de Madrid se esconde este arrebatador lugar que nos brinda el mejor de los viajes, el que se realiza a través del tiempo, sin necesidad de subir a ningún vagón.

CALLE DEL DESENGAÑO

DIRECCIÓN: CALLE DEL DESENGAÑO
METRO: GRAN VÍA (LÍNEA 1, LÍNEA 5)

Hasta el siglo XVI nos toca retroceder para conocer una nueva leyenda que, a pesar de tener más dosis de fantasía que otra cosa, no deja de resultar curiosa y atractiva. A mí me resulta una de las más sorprendentes y agradables de escuchar. Según ha llegado hasta nuestros días, pudo motivar el nombre de una conocida y céntrica calle de la ciudad, la calle del Desengaño.

A espaldas de la Gran Vía aguarda esta estrecha calle, de nombre melancólico y de aspecto frágil. Las prostitutas contemplan la vida desde sus aceras mientras la zona busca recuperar el esplendor perdido hace ya demasiado tiempo. Más, mucho más tenemos que viajar en el tiempo para tratar de imaginar el sorprendente relato que, dicen, pudo ocurrir aquí.

Siglo XVI, época de espadachines que siempre optaban por resolver sus disputas con el acero antes de pararse a reflexionar o dialogar. Madrid comenzaba a expandirse y gentes de todos los lugares libraban sus particulares luchas de egos en sus sinuosas callejuelas. Es entonces cuando dos insignes caballeros de la época decidieron batirse en duelo por un motivo ya casi tópico, el amor de una doncella. Sus nombres: Caballero de Gracia y Vespasiano de Gonzaga.

Durante la encarnizada lucha con sus espadas se produjo una aparición que les distrajo y perturbó a ambos: una dama que cubría su rostro con un velo y que corría perseguida por un zorro. Los dos pendencieros, confundidos y picados por la curiosidad, optaron por dejar a un lado su disputa, decididos a dar alcance a la enigmática mujer. Cuando al fin lograron estar junto a ella, descubrieron con estupor que la dama no pertenecía ya al mundo de los vivos, debajo de su velo pudieron apreciar un rostro momificado. La respuesta instantánea de ambos bautizó para siempre a la calle: «¡Qué desengaño!»

Hasta qué punto los hechos son ciertos… eso ya que lo decida cada uno, lo que sí es real es que esta historia se encuentra reflejada en el azulejo que, casi 500 años después de aquel hipotético suceso, nos indica el nombre de la calle.

MANUELA MALASAÑA

DIRECCIÓN: CALLE DE MANUELA MALASAÑA
METRO: BILBAO (LÍNEA 1, LÍNEA 4), SAN BERNARDO (LÍNEA 2, LÍNEA 4)

Seguramente, Manuela nunca llegó a imaginar que su apellido terminaría bautizando de forma coloquial el barrio que la vio crecer. Su historia, entre la leyenda y mito, se recuerda con especial ternura cada 2 de mayo, fecha con un destacado significado para la ciudad de Madrid.

Manuela Malasaña es recordada como una de las heroínas de los levantamientos populares que surgieron ante las tropas de Napoleón. Nacida un 10 de marzo de 1791 su padre era curiosamente de origen francés, Jean Malesange quien optó por españolizar su apellido a «Malasaña» como hoy en día lo conocemos. La joven tenía 17 años cuando se desataron todos los sucesos que terminaron con su vida. De profesión bordadora, era muy querida por sus vecinos y vivía muy cerca donde se desarrollaron todos los acontecimientos, en la calle San Andrés, número 18. Una placa informativa situada en la fachada del edificio nos recuerda este dato.

Sobre las circunstancias de su muerte hay varias teorías, sin que ninguna de ellas se haya podido demostrar más veraz que otra. Para tratar de salir de dudas consulté con una de las personas que más saben sobre el barrio de Maravillas, con Juan Carlos González, de Carpetania Madrid, quien me relató las dos versiones que él conoce. La primera, la más historicista nos dice que Manuela fue víctima del fuego cruzado que se desató en los enfrentamientos. Su padre comenzó a defender las puertas del parque de artillería desde una de las ventanas de su piso de la calle San Andrés y ella tuvo la mala fortuna de recibir el impacto de una bala perdida. Según esta primera versión, la joven habría fallecido el mismo dos de mayo.

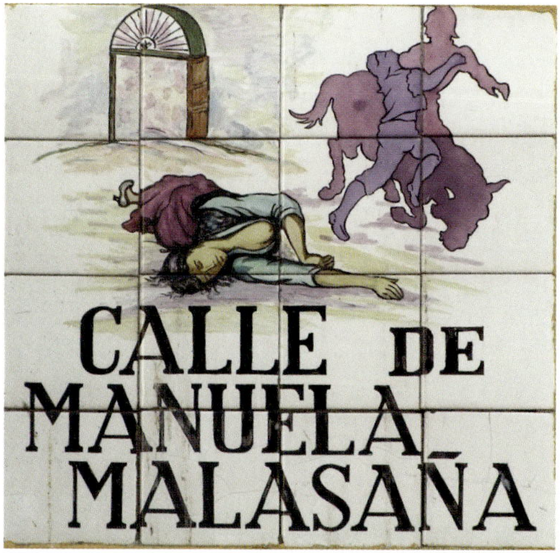

La segunda hipótesis, la vertiente que Juan Carlos define como más literaria, es la que nos narra cómo, el día después de todos los incidentes, Manuela es abordada por unos soldados franceses mientras camina por la calle, no se sabe con qué intenciones. Lo cierto es que a la chica la ejecutaron los soldados con la excusa de que la muchacha llevaba en uno de sus bolsillos un arma –las tijeras que utilizaba en sus labores– y por resistirse a la autoridad. Siguiendo esta versión, Manuela habría perdido la vida el tres de mayo. Lo que sí está demostrado es que su cuerpo sin vida lo trasladaron a la cercana parroquia de San Martín de la calle del Desengaño, para posteriormente darle sepultura en el camposanto del Hospital de la Buena Dicha.

En recuerdo a ella, el pueblo de Madrid quiso bautizar con su nombre esta céntrica calle, muy próxima a donde ella vivía. Una calle que vivió sin pena ni gloria hasta que comenzó a ser famosa por sus bares y locales en los años ochenta, durante la Movida. De la noche a la mañana se convirtió en el epicentro de un movimiento cultural que se acabó extendiendo por todo el barrio y luego se expandió como la pólvora. La denominación oficial de barrio de Maravillas pronto quedó relegada a un segundo plano.

Desde entonces, y sobre todo en la actualidad, la gente ha adoptado el nombre de Malasaña para referirse al barrio más pintoresco y alegre de la ciudad. Una nueva denominación que, sin embargo, arrastra consigo un acontecimiento triste y amargo: la muerte de la joven Manuela.

ESCULTURA DEL *ROMANO* EN LA GRAN VÍA

DIRECCIÓN: GRAN VÍA, 60
METRO: SANTO DOMINGO (LÍNEA 2), PLAZA DE ESPAÑA (LÍNEA 3, LÍNEA 10)

Para descubrir otro Madrid diferente al que estamos acostumbrados basta con desviar nuestra atención a las alturas. Allá a lo lejos, retiradas del mundanal ruido, encontraremos envidiables azoteas, detalles de gran valor y esculturas, muchas esculturas que custodian ese bien tan preciado que tiene esta ciudad: su cielo.

Si no recuerdo mal, son cerca de treinta los conjuntos escultóricos que uno puede distinguir en lo más alto de diferentes edificios, salpicadas por todo Madrid. Una de las más misteriosas y originales la podemos ver en la parte superior de la Gran Vía, en el número 60. Allí nos espera un personaje que ha sido bautizado como el Romano pero al que también la gente se refiere como el Coloso o el Atlante.

La obra, que remata este bloque de viviendas y oficinas que tuvo que ser reformado tras los daños sufridos durante la Guerra Civil, es de Victorio Macho, uno de los mejores escultores de la primera mitad del siglo XX. El palentino es responsable de otras maravillas como el monumento a Jacinto Benavente o el monumento a Ramón y Cajal, ambos dispuestos en el parque del Retiro.

La escultura del *Romano*, realizada en bronce en 1930, representa a un hombre vestido únicamente con una capa blanca que sujeta sobre su cabeza una pequeña casa o templete. En relación a esta escultura flota un gran misterio ya que es muy poca la información que se tiene sobre ella; de lo poquito que he podido averiguar es que se trata de

una alegoría del ahorro. Sea como fuere, por su originalidad y por la fuerza que desprende, a mí me parece una de las más sensacionales de cuantas se pueden otear en las alturas de Madrid.

Este original personaje es visible desde muchos puntos de la ciudad, por ejemplo, si vas callejeando por Malasaña en dirección a Gran Vía si en algún momento de tu recorrido encuentras un trozo de cielo y alzas la mirada es posible encontrarte de espaldas con este coloso. Una particularidad que he leído sobre esta figura es que se trata de un homenaje oculto de su autor a la primavera ya que cada 21 de marzo, el último rayo de sol que ilumina Madrid atraviesa la casa que sostiene el romano sobre su cabeza. ¿Será cierto? Esperaremos ansiosos el regreso de marzo para comprobarlo…

PLAZA DEL REY

DIRECCIÓN: PLAZA DEL REY
METRO: GRAN VÍA (LÍNEA 1 Y LÍNEA 5), BANCO DE ESPAÑA (LÍNEA 2) Y CHUECA (LÍNEA 5)

Uno de los primeros recuerdos que tengo ligados a Madrid es el de estar en uno de los bancos de la plaza del Rey, supongo que en torno al año 2005 más o menos. Olvidado su nombre y casi su fisionomía, mucho tiempo después me volví a encontrar con este lugar. Lo reconocí de un primer vistazo, como quien se vuelve a cruzar con un antiguo compañero del colegio tras una larga ausencia. Tantos años después y ahí seguía, rodeada por la calle Infantas y la calle Barquillo y a poquísimos pasos de la Gran Vía. Teniéndola bien localizada, a ese segundo encuentro le sucedieron unos cuantos más y, por supuesto, varias sesiones de lectura, indagando en la historia de este acogedor espacio.

La plaza del Rey es uno de esos lugares en los que nada más poner un pie encima tienes la sensación de estar en un escenario que tiene mucho que contar y aportar al visitante. Su nombre se debe a la proclamación en 1808 de Fernando VII como rey de España. En recuerdo a aquel acontecimiento esta explanada, llamada anteriormente plaza del Almirante, cambió para siempre de nombre.

No obstante, durante mucho tiempo la gente la conoció como «la plaza del circo» ya que en este lugar, hacia 1841 estuvo situado el Teatro Circo de Paul, un espectáculo situado

en los números 5 y 7 de la calle Barquillo en donde se podían presenciar actuaciones de saltimbanquis y equilibristas. Su fundador fue Paul Laribeau y estuvo haciendo las delicias de los madrileños hasta que desapareció en 1879 tras sufrir un grave incendio. Pero aquí no termina la tradición circense de este lugar ya que luego fue el Teatro Circo Price el que ocupó esa misma ubicación hasta que cerró en la década de los setenta antes de su reapertura.

En la plaza del Rey si hay un elemento que destaca por encima de los demás, ese es la Casa de las Siete Chimeneas, hoy en día sede del Ministerio de Cultura de España. La existencia de este edificio, construido en el siglo XVI, siempre ha ido de la mano de oscuras leyendas relacionadas con el más allá. Por su cornisa superior, son muchos los que aseguran haber visto al fantasma de Elena deambulando por la noche con aire lánguido y apesadumbrado. No hay ruta de misterio que transcurra por Madrid y no haga un alto en esta casa, cuyas siete chimeneas, algunos dicen que representan a los siete pecados capitales. Esta casa fue además, uno de los escenarios donde se vivió con más crudeza el Motín de Esquilache en 1766.

En el lado opuesto de la plaza, nos encontramos una presencia mucho más tangible que el espectro de Elena, me refiero al monumento al teniente Jacinto Ruiz, otro de los héroes del levantamiento del 2 de mayo de 1808. Este militar, nacido en Ceuta, quizás no sea tan recordado como Daoiz o Velarde, sin embargo, sus actos resultaron igual de reseñables en aquel histórico capítulo de Madrid. Ruiz, que falleció a los 29 años posiblemente por las complicaciones derivadas por las heridas sufridas durante el alzamiento popular, tiene en la ciudad una calle en su honor, en Malasaña, y esta magnífica escultura realizada por Mariano Benlliure en 1891.

Otro dato a señalar de esta cautivadora plaza es la presencia de un gran reloj solar que permanece casi en el anonimato y en el que poca gente repara. Para verlo, debemos alzar la mirada y buscar en lo más alto del Ministerio de Cultura. La unión de numerosas placas de granito forma este reloj que los árboles de la plaza se encargan de ocultar con recelo. Como vemos, la plaza del Rey, a pesar de su reducido tamaño es un lugar de una extraordinaria fuerza, al que salpican numerosos secretos y que nos ofrece una mirada peculiar al pasado de Madrid.

LOS REYES CATÓLICOS EN MADRID

DIRECCIÓN: COSTANILLA DE SAN ANDRÉS, 14
METRO: LA LATINA (LÍNEA 5)

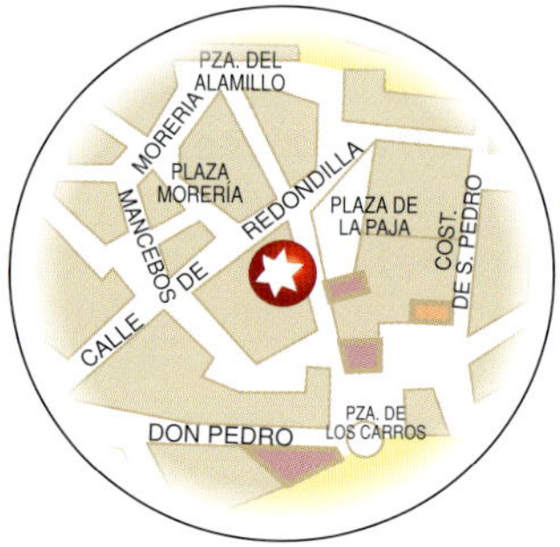

Hay una cosa de Madrid que me encanta y a la que le dedico todas las atenciones que puedo. Me refiero a esas placas informativas de color vainilla que nos van relatando algunas curiosidades de la villa. Generalmente nos señalan qué personajes ilustres vivieron en tal o cual lugar. Una iniciativa didáctica que ameniza los paseos de muchas personas y que otras ciudades deberían de copiar para no dejar atrás su propia historia. Gracias a una de estas señales descubrí este secreto: los Reyes Católicos pasaron varias temporadas en lo que hoy conocemos como La Latina.

Si vamos subiendo la pendiente que nos lanza la plaza de la Paja, llegando a la capilla del Obispo, a mano derecha, encontramos una gran manzana bordeada por la calle de los Mancebos y por la calle de la Redondilla. Todos estos portales de viviendas formaron hace siglos un único edificio, el palacio de los Lasso de Castilla. Una enorme residencia levantada en el siglo XIV que, dicen algunos autores, llegó a tener más de cien habitaciones.

Esta no es la única casa nobiliaria que estuvo bordeando este encantador e histórico recinto. Estamos hablando del que fue verdadero corazón y motor de Madrid durante casi toda la Edad Media. De ahí el gran número de familias acomodadas que optaron por trasladar aquí sus residencias como los Vargas o el marqués de la Romana. Sin

EN ESTE LUGAR
ESTUVO EL PALACIO DE LOS
LASSO DE CASTILLA
ALOJAMIENTO PREFERIDO DE LOS
REYES CATÓLICOS
DURANTE
SUS ESTANCIAS EN MADRID
DESDE 1477
CAFÉ BAR
DELIC
ELICATESSEN
14
14

embargo, pocas pueden presumir de haber dado cobijo a personajes tan ilustres como los que nos ocupa.

Tal y como se indica en la placa que da a la calle y que se encuentra sobre el portal número 14: «En este lugar estuvo el palacio de los Lasso de Castilla, alojamiento preferido de los Reyes Católicos durante sus estancias en Madrid desde 1477». Resulta una sorpresa agradable el estar callejeando y descubrir que estás compartiendo escenario y casi las mismas vistas que aquellos monarcas disfrutaron hace seis siglos. Otros personajes históricos que se alojaron en este lugar fueron Juana la Loca y su marido, Felipe el Hermoso, o el cardenal Cisneros.

Pero aquí no terminan las curiosidades de este extinto palacio ya que si orientamos nuestros pasos hacia la plaza de los Carros encontraremos una segunda señal, situada a una notable altura, que nos informa de que en ese punto hubo un pasaje voladizo que comunicaba el palacio con la tribuna de la iglesia de San Andrés. Gracias a este pasadizo en alto, los Reyes Católicos podían acudir a misa directamente desde sus aposentos, sin tener que salir al exterior.

Con el paso de los siglos aquella inmensa residencia fue entrando en decadencia y en 1882 se perdió pasa siempre cuando fue derribada. En su lugar el marqués de Cubas optó por levantar la manzana con viviendas particulares que hoy vemos. Del palacio, a excepción de las placas, ni rastro. Al menos, parte de su historia sigue estando muy viva.

IGLESIA DE SAN FERMÍN DE LOS NAVARROS

DIRECCIÓN: PASEO DE EDUARDO DATO, 10
METRO: RUBÉN DARÍO (LÍNEA 5)

Por si a estas alturas alguno todavía no lo sabe, os recuerdo que yo nací en Pamplona así que entre mi ciudad natal y Madrid tengo el corazón dividido. Creo que son dos ciudades totalmente complementarias. Lo que una me da, lo otra me lo quita, y viceversa. Ahora que ya os he aclarado un poco mi origen os podéis imaginar la sorpresa e ilusión que supuso para mí descubrir la existencia del siguiente secreto, la iglesia de San Fermín de los Navarros.

Sin una ostentosa fachada ni una gran señalización que delaten su presencia, esta iglesia nos aguarda en el paseo de Eduardo Dato, en el genuino barrio de Chamberí, pasando casi inadvertida al estar bastante tapada por los árboles. Quizás no sea la más espectacular ni cuente con el mejor altar pero tiene un algo indescriptible que la hace única. Al menos, a mí, me permitía sentir un poco más cerca mi tierra.

Lo primero que hay que decir es que esta iglesia no es la original. La primitiva iglesia de San Fermín de los Navarros estaba en el solar donde actualmente se erige el Banco de España. Por la construcción del banco hubo que buscar un nuevo emplazamiento y la congregación decidió trasladar el tempo religioso a unos terrenos que pertenecían, nada más y nada menos, que a la infanta Isabel de Borbón, hija de Isabel II, en lo que se llamaba el paseo

del Cisne (actual denominación del paseo de Eduardo Dato).

Para la realización del nuevo proyecto se aprobó un edificio de aspecto neomudéjar en el exterior y neogótico en el interior donde destacaba su pronunciada torre y la fachada de ladrillo. Sus obras duraron apenas cuatro años, desde 1886 hasta 1890, siendo inaugurada, como no podía ser de otra forma, en el mes de julio. Por el motivo que sea se trata de una de las iglesias de Madrid más solicitadas por las parejas para el día de su boda, especialmente elegida por gentes de familias «bien» para contraer su enlace.

Hasta esta iglesia, que aparece en la novela *Tristana* de Benito Pérez Galdós, se acercan muchos residentes navarros en Madrid cada 6 de julio con sus pañuelos rojos para sentir de una forma un poco más próxima estas universales fiestas, que tan difíciles son de llevar en la distancia, y allí celebran su particular chupinazo. Por cierto, que el *pañuelico* rojo que se viste durante las fiestas de San Fermín simboliza la sangre del santo y recuerda su martirio ya que fue decapitado.

EL JARDÍN DEL ÁNGEL

DIRECCIÓN: CALLE DE LAS HUERTAS, 2
METRO: ANTÓN MARTÍN (LÍNEA 1)

Al principio de la calle de las Huertas, haciendo esquina, hay un rincón que me tiene completamente enamorado y que siempre que tengo la ocasión me acerco a visitar. Os hablo de El Jardín del Ángel, posiblemente una de las tiendas con más encanto de Madrid y por supuesto con una historia que no deja indiferente. Un íntimo vericueto verde que surge de manera inesperada en un cruce de calles, un local que sorprende por su belleza y por su pasado.

El Jardín del Ángel es posiblemente la floristería más antigua de Madrid, puesto que se fundó en 1889. Se trata de una esquina que rezuma encanto por todos sus costados, un pequeño vergel silenciosos que emboba a cuantos pasan por su lado. Rodeado por una pequeña valla de forja, en su interior decenas de plantas, flores, una fuente, un invernadero e incluso un espectacular olivo que harán las delicias de los amantes de la naturaleza. Todo decorado con mimo y gracia.

Me encanta adentrarme en este oasis de vegetación y dar una vuelta admirando los muebles antiguos, sus objetos exóticos, analizando cada detalle. Sin duda, es un sitio singular que merece ser visitado aunque sea solo una vez. En este rincón de ensueño se realizan también actividades, presentaciones e incluso a veces podemos llevarnos la sorpresa de encontrar música en vivo.

Independientemente de su belleza actual, este recinto tiene un pasado digno de mención. Al estar situado junto a la iglesia de San

ANGEL

Sebastián, el pequeño solar que hoy ocupa fue, durante más de tres siglos, su cementerio. En él estuvieron enterrados personajes ilustres como el escritor Lope de Vega o los arquitectos Juan de Villanueva y Ventura Rodríguez.

Pero los más sensibles y miedosos no debéis tener temor alguno ya que antes de abrir sus puertas como tienda de flores y plantas, en 1889, todos los cuerpos fueron desenterrados y retirados del camposanto. Caprichoso el destino que quiso que un lugar que durante tanto tiempo tuvo un presente oscuro y tétrico sea en la actualidad un espacio tan vivo y agradable.

Aquello fue hace mucho y en la actualidad El Jardín del Ángel nos incita a relajarnos aportando una nota de color entre tanto asfalto. Sus puertas no cerraron ni el 20 de noviembre de 1936 cuando una bomba cayó en la iglesia que está a sus espaldas causando graves destrozos. Además, este coqueto lugar también ha hecho su pequeño cameo en la literatura ya que aparece en la obra *Misericordia* de Benito Pérez Galdós. Los encantos del barrio de las Letras son muchos y diferentes pero este puede que sea el más original de todos.

CALLE DEL FACTOR

DIRECCIÓN: CALLE DEL FACTOR
METRO: ÓPERA (LÍNEA 2, LÍNEA 5)

Desde que me adentré con *Secretos de Madrid* en las redes sociales, bastantes veces he citado la catedral de la Almudena y en varias ocasiones algún lector o lectora me ha comentado que se trata de un templo que visualmente deja algo que desear. Es una afirmación que no comparto ya que en mi opinión es un edificio brillante, sobre todo si se contempla desde un lugar concreto.

Si caminamos por la calle del Factor podemos disfrutar de la mejor perspectiva de la catedral, pudiendo admirarla en todo su esplendor. Lo cierto es que mucha gente se acerca hasta su fachada principal, hace un par de fotos de rigor apuntando a lo alto y luego accede a su interior para visitarla. Sin embargo, si os desviáis unos pocos metros y subís un pequeño repecho admiraréis una estampa mágica. Un punto de vista privilegiado que pocos conocen.

Para ello, hay que transitar la calle del Factor, antiguamente llamada calle de los Panes, y que recibe su nombre porque en ella vivió Fernán López de Ocampo, factor de Felipe II. Su trabajo era llevar las cuentas de la Hacienda Real, contabilizando los impuestos, los bienes y las rentas de la Corona en las

Indias. Siete siglos antes de esto, por el trazado de esta calle cruzaba la antigua muralla islámica. Fascinante.

Por algún motivo que desconozco, a la hora de elegir un itinerario improvisado por esta zona de Madrid son muy pocos los que escogen caminar por la calle del Factor, dándole ese aspecto triste y solitario que siempre la acompaña. Quizás para nuestro objetivo de contemplar la catedral de la Almudena en calma y con pausa nos viene hasta mejor. Silencio y tranquilidad para contemplar desde la distancia la explanada que comunica la catedral con el Palacio Real, para ver a cientos de personas convertidas en hormigas durante un breve lapso de tiempo y, cómo no, para visualizar, en toda su magnitud, un fotograma único.

La imagen de la catedral de la Almudena que surge entre las ramas de los árboles que tenemos en primer plano es uno de los momentos que siempre llevaré conmigo y recordaré de Madrid. Desde la distancia podemos lanzar una mirada furtiva entre tanto turista y ajetreo. Una sensación de complicidad con una calle relegada a un papel totalmente secundario. Un alto en el camino para seguir nuestra ruta entre calles rebosantes de historia. Prohibido perdérselo, quizás así alguno cambie su opinión sobre esta inmensa obra.

EL MADRID MODERNO

DIRECCIÓN: CALLE ROMA Y CALLE CASTELAR
METRO: VENTAS (LÍNEA 2, LÍNEA 5)

A la sombra de la plaza de toros de Las Ventas languidecen los restos de un ambicioso proyecto como fue la colonia del Madrid Moderno. En el barrio de Guindalera varias calles se llenaron de edificios pintorescos, al más puro estilo londinense. Una zona residencial que buscaba ser «el más europeo de los barrios de Madrid» y del que ahora apenas quedan señales.

El embrión de este sueño se debe al abogado Mariano Santos Pinela, dueño de una serie de terrenos junto a la actual plaza de toros. Él, junto al empresario Julián Marín, comenzaron a edificar en el año 1890 un tipo de vivienda que poco o nada tenía que ver con lo que hasta ese momento se veía en Madrid. La construcción de esta colonia se prolongó hasta 1906 y se dividió en tres fases abarcando diferentes calles y rozando diferentes estilos, desde el modernista hasta el neomudéjar.

La idea era llenar el barrio de pequeños hotelitos adosados que sirvieran de residencia a la clase media. Un intento de europeizar Madrid con estas hileras residenciales en las que todos los inmuebles tenía un denominador común. Este era la presencia de un mirador en la fachada principal que se prolongaba sobre la primera planta y que se sujetaba sobre columnas. Un elemento que aún hoy sigue dando a las casas un aire distinguido y señorial. Estas viviendas disponían de importantes comodidades como agua corriente, luz eléctrica o jardín privado.

Uno no puede evitar sentir cierta pena al imaginar lo que tuvo que ser esta zona, llena de casas de estilo modernista y con vivos colores,

y ver en lo que ha quedado en la actualidad. Hoy en día solo siguen en pie una veintena de estos edificios, concentrados en la calle Roma y en la calle Castelar. Varios de ellos han sido rehabilitados y lucen con gracia, negándose a terminar como sus compañeros de fila. Otros, abandonados y en estado ruinoso, se mantiene en pie a duras penas, resignados a su negro futuro.

Caminar por esta zona es viajar de manera irremediable a otra época e incluso a otra ciudad. Una pena que el pequeño número de viviendas existentes hagan que el viaje sea tan breve. Si se le hubiese dado la continuidad adecuada a aquel bonito proyecto, no hay duda de que estaríamos ante una de las zonas más exclusivas y caras de Madrid. Hoy en día es casi una especie en extinción. Por eso, nadie debería perdérselo. No antes de que sea demasiado tarde.

PUERTA DE EUROPA (TORRES KIO)

DIRECCIÓN: PLAZA DE CASTILLA
METRO: PLAZA DE CASTILLA (LÍNEA 1, LÍNEA 9, LÍNEA 10)

Del Madrid amurallado sobreviven en la memoria colectiva ejemplos como la puerta de la Vega. Otras, de tipo conmemorativo llegaron más tarde, como la Puerta de Alcalá. La última en llegar a esta larga lista fue toda una exhibición de modernidad, su nombre oficial es Puerta de Europa aunque todo el mundo las conoce como las Torres KIO.

Estas gemelas con alma de cristal han sido las penúltimas en colarse en el *skyline* madrileño. Su rasgo más característico, su inclinación de 15° sobre la vertical, un aspecto pionero en el mundo ya que hasta la fecha de su construcción (entre 1989 y 1996) nunca ningún rascacielos había estado inclinado. Bueno sí, la Torre de Pisa pero no de forma intencionada.

En el momento de concebirlas, uno de sus creadores, el americano Philip Johnson ya lo tenía claro: «Hay que acabar con el ángulo recto si no nos queremos morir del aburrimiento». Dicho y hecho. Aunque las obras se demoraron más de lo previsto, a las puertas del año 2000 Madrid tendía una mano a la modernidad y acaparaba las miradas de medio mundo, arquitectónicamente hablando, con estas dos torres que hoy no faltan en ningún perfil que busque representar esta sensacional ciudad.

Admito que hasta hace no mucho pensaba que lo de Torres KIO se debía al nombre de su autor,

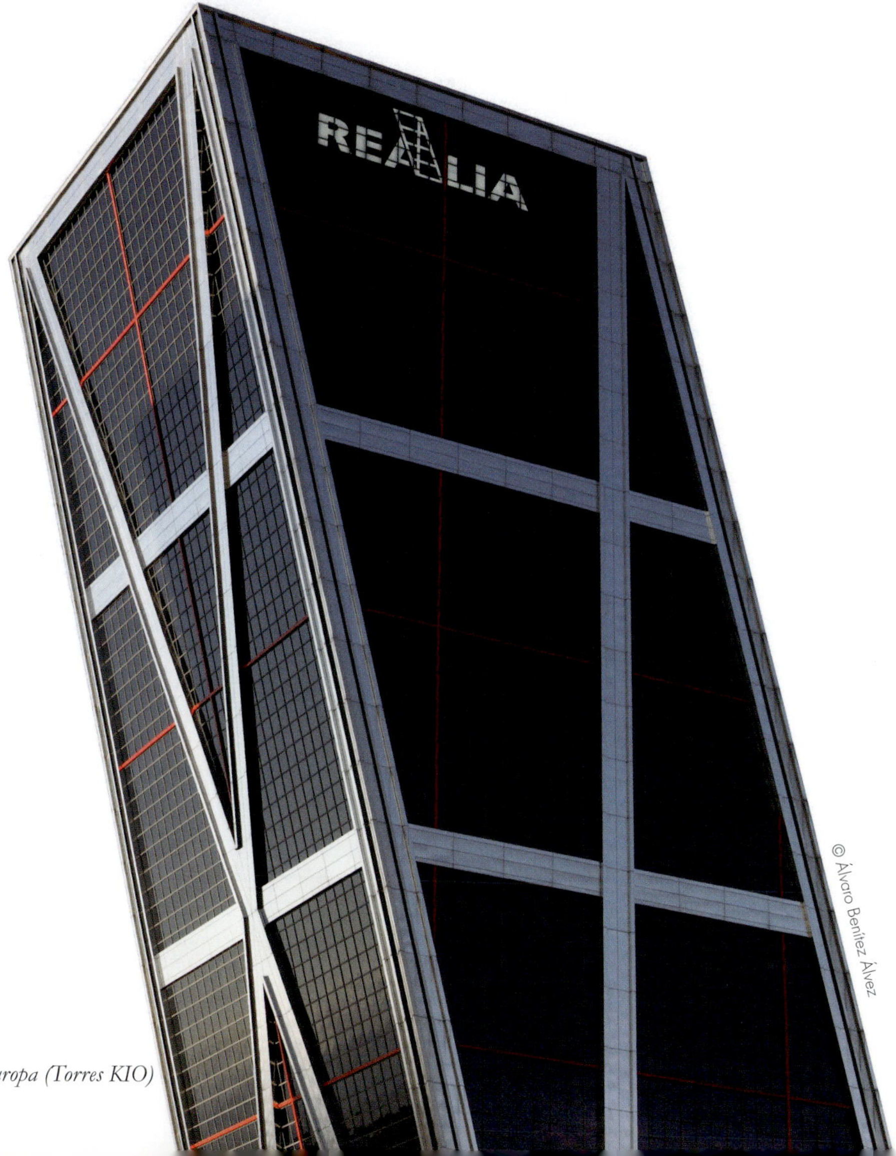

Puerta de Europa (Torres KIO)

nada más lejos de la realidad. Reciben este nombre porque fueron en gran parte promovidas por la empresa kuwaití KIO (Kuwait Investments Office). Sin duda, un nombre con mucha más pegada que el oficial, el de Puerta de Europa. Por cierto, la torre de la izquierda, según sales de Madrid, se conoce como Puerta de Europa I, mientras que la otra se conoce como Puerta de Europa II. Con sus 27 plantas y 114 metros ahora parecen relativamente pequeñas al lado de las Cuatro Torres pero vistas desde abajo siguen impresionando con su provocadora forma.

¿Dónde está el truco para aguantar de pie con semejante inclinación? El secreto de estas torres es el siguiente, la mayor parte de su peso descansa sobre un eje central de acero y hormigón, mientras que la parte inclinada es mucho más ligera. Mediante un contrapeso subterráneo de 15 000 toneladas ubicado en el lado opuesto hacia donde se inclina el edificio, las torres consiguen erigirse sin problema. Algo parecido, pero a pequeña escala, es lo que sucede en la escultura de Felipe IV de la plaza de Oriente.

Yo la primera referencia que tuve de estas magníficas torres (al igual que otros tantos de mi generación) fue en la película *El día de la bestia*, donde ocupaban un papel importante en la trama y servían de escenario para la escena final del film (en la película salen en obras, por cierto). Ya cuando las vi entonces me impactaron, algo que no han dejado de hacer durante todos estos años cada vez que me he vuelto a topar con ellas.

ESCULTURA ECUESTRE DE FELIPE IV

DIRECCIÓN: PLAZA DE ORIENTE
METRO: ÓPERA (LÍNEA 2, LÍNEA 5)

En el centro de la plaza de Oriente de Madrid, presumida y coqueta, podemos admirar la estatua ecuestre de Felipe IV, una obra que rodeada de tanta magnificencia apenas secuestra piropos o miradas. Sin embargo, todo esto podría ser bien diferente si la gente supiese los secretos que guarda, que en su momento se trató de una obra única y que, además, en su realización trabajaron las mejores mentes de la época.

Tenemos que viajar hasta 1630 para conocer un poco más la intrahistoria de esta obra. Felipe IV quería una escultura a caballo en su honor, al igual que su padre Felipe III dispuso de la suya en la plaza Mayor. El encargado de dar forma a los deseos del rey fue un escultor italiano, Pietro Tacca. El artista comenzó sus primeros bocetos de la obra cuando recibió una amarga noticia por parte del conde duque de Olivares, el rey quería aparecer representado en corveta, es decir, con el caballo apoyado sobre sus dos patas traseras. Algo que hasta el momento solo se había podido plasmar en pintura. Un encargo novedoso en el mundo que supuso un auténtico quebradero de cabeza por su dificultad.

Para cumplir con el cometido Pietro contó con la magistral colaboración de dos de las seseras más privilegiadas del momento. La primera, la del pintor Diego Velázquez. El genial artista le envió a Italia dos retratos del rey para que le sirvieran como referencia. Sin embargo, el problema de la postura del caballo seguía latente, sin solucionarse…

© Álvaro Benítez Álvez

le resultaba imposible sustentar todo el apoyo del equino y su jinete sobre dos puntos sin que la escultura se viniese abajo. Cuando Pietro no veía solución al dilema se le ocurrió consultar a la única persona del momento capaz de salir airoso del aprieto, el astrónomo y físico, Galileo Galilei.

El eminente hombre del Renacimiento no tardó mucho en encontrar la solución. Había que construir la parte delantera de la obra de forma hueca y la trasera de forma sólida y maciza, actuando de contrapeso. Con esta sencilla fórmula de distribución del peso, se logró la primera escultura en corveta del mundo. Con esta pauta que aclaró enormemente el panorama a Pietro, el escultor terminó la obra (su firma de hecho se puede apreciar en la cincha del caballo) pero aún tuvo que solventar algún que otro apuro más.

Felipe IV quedó muy disgustado por el poco parecido entre su rostro y el de la escultura así que rápidamente se encargó la elaboración de un nuevo busto mientras la obra, decapitada, aguardaba en un sótano, confiscada. Por fin, en 1640 pudo ver la luz, ya completa, y la opinión generalizada era que se trataba, principalmente por su postura, de una obra maestra, algo jamás visto antes, revolucionario. De hecho, hoy en día la crítica la sigue etiquetando como una de las tres mejores esculturas ecuestres del mundo.

Se necesitaron 14 bueyes para moverla y tres ubicaciones diferentes, dos en el parque del Retiro y otra en el real alcázar de Madrid, para dar con su último emplazamiento. El mismo que tiene desde 1843, rodeada de edificios históricos y sobresalientes como el Palacio Real o el Teatro Real. No es para menos, ella también lo es.

ESTATUA DEL ÁNGEL CAÍDO

DIRECCIÓN: PARQUE DEL RETIRO
METRO: RETIRO (LÍNEA 2), ATOCHA (LÍNEA 1)

Era pleno verano, uno de esos días en los que las previsiones meteorológicas hablan de las semanas más calurosas del año en Madrid, en las cuales, los termómetros se disparan en algunos momentos hasta los 40 °C y la ciudad se convierte en un auténtico y abrasador infierno. Por ese motivo, para sentirlo como en su casa, me acerqué hasta el parque del Retiro y quise hacer una visita a la estatua del *Ángel caído*.

Esta singular obra de arte la puedes encontrar si accedes al parque por la Puerta del Ángel Caído, en la avenida de Alfonso XII, y es una de las pocas del mundo dedicada en exclusiva a Lucifer. De hecho, solo hay otra dedicada a este ángel, que resultó expulsado del cielo, y la podemos ver en Cuba, en La Habana. Sí que hay repartidas en el mundo otras dedicadas al demonio pero hay que recordar que este y Lucifer no son el mismo personaje.

La obra, elaborada en bronce por Ricardo Bellver en 1877, fue presentada en la Exposición Internacional de París de un año más tarde. En ella vemos a este ángel, desgarrado, en el momento de ser arrastrado por una serpiente de siete cabezas hasta el averno. Más difícil de apreciar son algunas pequeñas muescas sobre la obra, impactos y huellas de la Guerra Civil de los que no se salvó ni el propio Lucifer.

Esta escultura, que costó a Madrid 4500 pesetas, suscitó, como podéis imaginar, muchas polémicas, principalmente entre la comunidad más conservadora que veía inconcebible colocar en un parque público una obra de esta temática. Toda una provocación para muchas de las mentes de la época.

Lo más intrigante de esta escultura es un secreto que guarda y que a simple vista podría pasar totalmente desapercibido. Se trata de un clavo en el suelo desde el cual se dice que la altura de este punto, y por lo tanto de la obra, con relación al nivel del mar, es de 666 metros. La conocida marca de la bestia, tres dígitos de sobra conocidos… ¿Casualidad?

Estatua del Ángel caído

CURVA DE LA CAVA DE SAN MIGUEL

DIRECCIÓN: CALLE CAVA DE SAN MIGUEL
METRO: SOL (LÍNEA 1, LÍNEA 2, LÍNEA 3)

La Cava de San Miguel es una de las calles más especiales de todo Madrid. El colorido de sus fachadas, su inmejorable ubicación y los numerosos restaurantes y bares que hay en sus bajos le dan un carácter especial y amigable. Desde la primera vez que la recorrí me di cuenta de un aspecto que tardé demasiado tiempo en aclarar. La Cava de San Miguel tiene una particularidad que la hace diferente respecto de todas las demás calles del centro de Madrid. Este signo distintivo es la pronunciada curva que dibujan sus edificios y que, como todo, tiene una explicación.

Esta céntrica calle ocupa lo que en su día fue uno de los fosos defensivos de la ciudad. Con el crecimiento de la urbe estas zanjas «de seguridad» se fueron rellenando para que la expansión fuese posible. Desde siempre ha sido una calle con mucho movimiento y tránsito, la proximidad de la plaza Mayor o del Mercado de San Miguel ha hecho que nunca le faltaran almas que la recorriesen.

Casi todos lo que lo han hecho, por no decir todos, habrán observado con sorpresa la enorme curvatura que muestran los edificios que están de espaldas a la plaza Mayor. No es que las casas estén mal hechas ni que las cañas que acabamos de tomar por la zona están teniendo algún efecto secundario en nosotros... El motivo es que todas estas casas sirven de muro de contención de la citada plaza, por eso tienen una base mucho más ancha, para poder sustentar, con firmeza, el enorme peso de la céntrica explanada.

Esta curiosidad se puede notar a la perfección si nos situamos a los pies del Arco del Cuchilleros, desde aquí apreciaremos cómo el grosor de los muros de esta parte de la calle aumenta de manera considerable en su base. La causa la encontramos al otro lado de los edificios, en la inmensa plaza Mayor.

CALLE DEL LEÓN

DIRECCIÓN: CALLE DEL LEÓN
METRO: ANTÓN MARTÍN (LÍNEA 1)

Hace tiempo, una persona en Twitter me escribió haciéndome una consulta, me preguntaba por el origen de un escudo de piedra que podemos apreciar en una fachada de Madrid, en pleno barrio de Huertas. Aproveche uno de mis últimos paseos por la ciudad para verlo en persona. Aunque nada he podido encontrar sobre él, sí que he descubierto varios secretos de la calle que lo custodia, la calle del León.

Se trata de una calle de simple trazado, recta y estrecha a la que, sin embargo, se le percibe una personalidad diferente. Los comerciantes del barrio están llevando a cabo actividades, como por ejemplo el Mercado de las Ranas, para promocionar esta parte de Madrid y en este galimatías de callejuelas, la del León está adquiriendo cada vez más presencia.

Nace en la calle del Prado y desemboca en Atocha, muy cerca de la estación de metro de Antón Martín, apenas unos 250 metros que nos llevan desde las edificaciones típicas del Siglo de Oro español hasta la segunda mitad del siglo XX. Una travesía de varios siglos que se puede realizar a pie, en pocos minutos.

Como siempre os digo, cuando deis un paseo por el Madrid histórico es aconsejable ir fijándoos en las placas de las calles, son muy reveladoras. En la de la calle

del León se resume perfectamente la anécdota que originó su nombre. Según se cuenta, hubo aquí un indio que tenía un león dentro de una jaula y que, a modo de espectáculo, lo enseñaba a la gente a un precio de dos maravedíes. La presencia de esta curiosa atracción terminó por bautizar la calle.

En esta breve pero intensa vía vivió durante varias temporadas nuestro escritor más universal, Miguel de Cervantes, exactamente en el edificio que hace esquina con la calle que lleva su nombre, la calle de Cervantes. Además, la calle del León, antes de denominarse así se llamaba la calle del Mentidero pues fue aquí donde estuvo uno de los mentideros más importantes de la villa, el de los Cómicos. (Los mentideros eran los puntos de encuentro en los cuales, durante el Siglo de Oro, la gente de Madrid se reunía para hablar y conversar/discutir de cualquier tema).

Pero resulta que el idilio de la calle del León con la literatura no termina aquí y es que en el número 27 nació todo un premio nobel como Jacinto Benavente. Ahora, en sus aceras, comercios de toda la vida comparten tabiques con tiendas de diseño y vanguardia, pequeños contrastes cotidianos que la hacen plural y dinámica. La gente del barrio no quiere que la zona de Huertas sea solo sinónimo de vida de noche y descontrol, también desea que los visitantes la conozcan por sus muchos atractivos que brillan a la luz del día y ahí, la calle del León, tiene mucho que decir.

PLAZA DE LA PAJA

DIRECCIÓN: PLAZA DE LA PAJA
METRO: LA LATINA (LÍNEA 5)

Escondida en el corazón de La Latina, muestra imborrable del Madrid más medieval, encontramos un espacio rectangular, rodeado de historia, la plaza de la Paja. Actualmente, nos ofrece una imagen sosegada y que invita a contemplarla sin prisas desde una de sus terrazas, cuando el tiempo acompaña, pero hace mucho, no fue así. El bullicio y el gentío eran ingredientes habituales en el día a día de este lugar.

La plaza de la Paja fue el centro de operaciones de la villa durante la Edad Media, casi 700 años acaparando funciones y galones. Su vida cambió cuando se construyó la plaza del Arrabal, germen de la actual plaza Mayor, a la que se trasladó el mercado de la incipiente ciudad. En ese momento, la plaza de la Paja entendió que llegaba el momento de jubilarse y dedicarse a otros menesteres. Desde entonces lleva una vida más relajada, solo alterada cuando el sol y las terrazas la despiertan de su letargo.

Se trata de un lugar bucólico y elegante, rodeado de elementos arquitectónicos de primer nivel como la capilla del Obispo, el palacio de los Vargas o uno de esos rincones secretos que pocos conocen como los jardines del Príncipe de Anglona. Mucho que ver en tan poco espacio. La presencia de tantos palacios alrededor de este lugar nos indica la gran relevancia social y económica que tuvo esta plaza siglos atrás. Si querías ser visto, era el lugar idóneo para estar.

Es justamente la presencia de la capilla del Obispo la que originó el peculiar nombre de esta plaza. Los canónigos de la capilla tenían numerosas mulas a las que dar de comer y era precisamente en la plaza donde tenía lugar la subasta de la paja con la que se alimentaban. La gente comenzó a hablar entonces de «la plaza de la paja», denominación que ya quedó pasa siempre.

Este lugar es para mí la mejor opción para disfrutar de un día de *latineo* en alguno de sus magníficos locales como Delic o La Musa sin tener que sufrir los agobios de las masas. Una opción más calmada para disfrutar del Madrid más histórico.

LAS CUADRIGAS DEL BBVA

DIRECCIÓN: CALLE DE ALCALÁ, 16
METRO: SEVILLA (LÍNEA 2)

Hace tiempo leí que cuando estás visitando una ciudad tan importante o más que ir mirando al frente y a lo que te rodea en las distancias cortas es ir oteando las alturas. Es precisamente ahí, a un buen puñado de metros, donde muchas ciudades esconden sus tesoros más bellos, sus secretos más profundos. Madrid es un claro ejemplo de ello. Alzando la vista salen a la luz sus mejores galas. Elementos arquitectónicos y artísticos de primer nivel y con mucha historia. Una muestra de esto son las dos cuadrigas que coronan la sede del BBVA junto a la calle de Alcalá. Dos imponentes obras que arrastran varias curiosidades.

Imagino que todos las habéis visto en alguna ocasión... están en uno de los tramos más elegantes de toda la ciudad, el comienzo de la calle de Alcalá desde la Puerta del Sol. Aquello es una procesión de edificios majestuosos, una pasarela con fachadas de alta costura con una pequeña observación, los que desfilamos y caminamos, somos nosotros. Uno no da abasto ante tanto atractivo y casi tiene que claudicar cuando percibe algunos de los guardianes que custodian Madrid desde sus atalayas, como la diosa Minerva en la azotea del Círculo de Bellas Artes o los dos carruajes tirados por caballos que ahora nos ocupan.

El bloque se construyó en 1923 y poco después se colocaron las dos cuadrigas, cada una con su respectivo auriga. Las esculturas, obra de Higinio Basterra, tienen un peso de 25 toneladas. Seguramente, os preguntaréis por qué se decidió utilizar esta representación y no otra.

Para eso, hay que entender la simbología que representan. Su presencia se relaciona con la fuerza y el poder. Estos fueron los valores que quiso transmitir el BBVA al coronar su antigua sede con ellas.

A pesar de su aspecto frívolo y altivo las esculturas no han podido permanecer ajenas a diferentes anécdotas. Por ejemplo, en su origen eran doradas pero hubo que pintarlas de un color oscuro para que no sirviesen de referencia a los aviones franquistas durante la Guerra Civil. Además, si alguno habéis visto la película *La comunidad*, de Álex de la Iglesia, la escena final del film transcurre en este lugar. Otro dato curioso es que los aurigas no están representados en su posición lógica o natural sino que están colocados a una mayor altura, de pie sobre el carruaje, para que se les pueda apreciar bien desde el suelo.

Una última historia relacionada con estas magníficas obras, más difícil de demostrar, es que durante su transporte desde Bilbao, donde fueron fundidas, hasta Madrid se perdió uno de los caballos y el autor de la obra fue buscándolo por el teórico itinerario hasta que lo pudo localizar, sano y salvo. Por cierto, que no son las únicas esculturas de este tipo que hay en Madrid ya que en los cielos de la capital encontramos dos más, una en el paseo de Recoletos y otra sobre el Arco de Moncloa.

La estampa de estas colosales obras controlando el día a día de la ciudad, con el cielo de fondo, me parece sencillamente espectacular.

PUERTA DE ALCALÁ

DIRECCIÓN: PLAZA DE LA INDEPENDENCIA, 1
METRO: RETIRO (LÍNEA 2)

Posiblemente sea uno de los símbolos más ligados a la población de Madrid, imposible no verlo y no vincularlo a la imagen de la ciudad, estoy hablando de la Puerta de Alcalá. Un elemento arquitectónico que esconde un secreto, a la vista de todos, pero que pasa desapercibido, ¿sabías que la puerta no es simétrica puesto que sus dos caras son diferentes una de otra?

La Puerta de Alcalá se construyó en 1778 y era una de las cinco puertas reales con las que contaba la ciudad de Madrid. Esta en concreto era la encargada de dar la bienvenida a los visitantes procedentes de Cataluña, Aragón o Francia. Su construcción fue un encargo del monarca Carlos III para conmemorar su llegada a Madrid como rey.

Desde que se levantó, la Puerta de Alcalá se ganó el cariño de los madrileños y desde siempre ha sido un elemento muy ligado a la ciudad. Su gran originalidad radicó en ser el primer arco del triunfo que se construyó en Europa tras la caída del Imperio romano. Más tarde llegaron otros, de fama internacional también, como el Arco del Triunfo en París o la Puerta de Brademburgo en Berlín. Gobernando y vigilando lo que sucede en la calle de Alcalá, este monumento de gran valor arquitectónico y sentimental nos sorprende con un dato revelador y es que resulta diferente según el lado desde el que lo miremos. En resumen, que es asimétrico. El

Puerta de Alcalá

motivo puede ser una anécdota que ha llegado hasta nuestros días, un despiste y un acto de buena fe que dotaron a la «puerta» de un carácter aún más único si cabe.

Todo se origina con el concurso que hizo Carlos III para ver quién sería el encargado de realizar la obra. Los candidatos fueron José de Hermosilla, Ventura Rodríguez y Francisco Sabatini. El ganador fue el último de los tres, Sabatini, quien mandó varios proyectos al rey. Según dicen, el monarca dio el visto bueno a dos bocetos diferentes sin darse cuenta. Sabatini, por no hacer caer al rey en su equivocación optó por tirar por el camino de en medio y actuó de la forma más diplomática posible, fusionó ambos proyectos en uno solo, de ahí que la Puerta de Alcalá presente dos caras distintas.

La principal diferencia, y más visible desde la distancia, es que en uno de los lados la obra presenta diez semicolumnas de estilo jónico mientras que por el otro apreciamos dos columnas acompañadas de pilastras. Coronando la puerta por un lado observamos unos escudos heráldicos mientras que por el otro, vemos unas esculturas. La pregunta es: con la de veces que muchos habréis pasado por ella ¿os habíais percatado de este secreto?

PARQUE DALIEDA DE SAN FRANCISCO

DIRECCIÓN: AVENIDA GRAN VÍA DE SAN FRANCISCO, 29
METRO: LA LATINA (LÍNEA 5)

Desde el año 2007 Madrid dispone de un espacio diferente y relativamente poco conocido, la Dalieda de San Francisco. En el lateral de una de las iglesias más impresionantes de la ciudad, sobre los terrenos que se ubicó el claustro del convento, ahora se encuentra esta sorprendente explanada, dedicada al cultivo de las dalias.

Uno de mis primeros empeños al llegar a Madrid era ver el interior de San Francisco el Grande, quería saber qué se escondía bajo esa enorme cúpula visible desde muchos puntos de la ciudad. En cierta ocasión me acerqué hasta la iglesia y al encontrarme con sus puertas cerradas a cal y canto opté por continuar mi camino, bajando por la Gran Vía de San Francisco, dejando a mi derecha este colosal templo y fue así como descubrí este encantador espacio.

Una localización de más de 4000 metros cuadrados que recomiendo visitar sobre todo a partir del mes de junio, cuando las dalias nos brindan un colorido espectáculo al estar en todo su esplendor. Las dalias son muy vistosas y de gran tamaño por lo que mientras están en flor, este lugar se convierte en uno de los puntos más agradecidos y sugerentes de Madrid. Las intensas tonalidades de las flores con los aromas que nos regalan hacen de este secreto un grato regalo para los sentidos.

Si bien el corto pero intenso paseo hasta el final de la dalieda ya merece por sí solo una visita, al final de la misma encontramos un mirador que nos da la oportunidad de gozar de una de las mejores panorámicas de la parte oeste de la ciudad. Desde una posición privilegiada, a nuestros pies se inicia el parque de la Cornisa y en el horizonte podemos otear la ronda de Segovia y divisar más allá elementos como la ermita de San Isidro, el parque de San Isidro o incluso la plaza de toros de Vista Alegre.

Al ser un lugar bastante apartado de las rutas más turísticas, yo siempre que lo he visitado lo he podido disfrutar casi en soledad. Bueno no, siempre me ha acompañado durante mi visita el conjunto escultórico que preside la cabecera de este coqueto parque y que está dedicado al patrón de Madrid, san Isidro Labrador. Una obra que tras ocupar varias ubicaciones en la ciudad y terminar en un almacén, fue restaurada y recuperada para la causa. Ahora, reside en este lugar en el que se respira un aire melancólico y al que pocos llegan. Por cierto, el atardecer desde este lugar es sencillamente fabuloso. Una inolvidable recompensa para los más intrépidos.

TELEFÉRICO DE MADRID

DIRECCIÓN: PASEO DEL PINTOR ROSALES, S/N
METRO: ARGÜELLES (LÍNEA 3, LÍNEA 4, LÍNEA 6)

Disfrutar de una perspectiva diferente y poco usual de Madrid es lo que nos ofrece el teleférico que conecta el paseo del Pintor Rosales con la Casa de Campo. Una viaje en las alturas al que muchos madrileños parecen obviar pero que es una de las actividades más originales que se pueden hacer en la ciudad.

Reconozco que soy un fanático de las vistas de esta ciudad. Allá donde descubro que se puede disfrutar de una bonita panorámica de Madrid, allá que me presento, así que aún recuerdo el primer domingo en que me decidí a hacer este original trayecto. Lo primero que me sorprendió resultó el hecho de que no hubiese demasiada gente. Creo que el teleférico es un lugar que mucha gente da por visto, pensando que es una actividad «para niños» y que, sin embargo, merece mucho la pena visitar, independientemente de la edad que tengas.

Desde su puesta en funcionamiento, un 20 de junio de 1969, unos ocho millones de pasajeros han disfrutado de este viaje que se tarda en realizar algo más de diez minutos (diez de ida y otros diez de vuelta). Nada más entrar en la cabina comienza una narración que nos va contando qué elementos podemos ir observando. Reconozco que esta locución es un guiño a los más pequeños pero

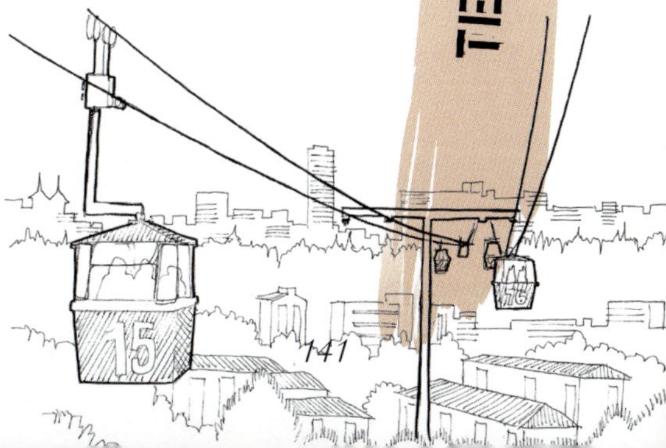

también nos permite sacar durante un rato nuestro lado más infantil y sorprendernos a cada metro que avanzamos.

Partiendo del paseo del Pintor Rosales, sobrevolamos el parque del Oeste, casi tocamos con nuestros dedos la estación de Príncipe Pío y también veremos las coquetas ermitas de San Antonio de la Florida (la original y la copia) todo ello antes de adentrarnos en la Casa de Campo admirando su infinita inmensidad, para mí la parte más bonita e impactante del recorrido. Según nos vayamos alejando iremos adivinando cada vez más y más elementos de la ciudad como el Palacio Real, la catedral de la Almudena o el «Pirulí». Ya os he comentado que es una manera diferente y muy especial de gozar de otro Madrid al que estamos acostumbrados.

Os recomiendo hacer este viaje en un día soleado para que podáis tener la mejor visión posible de Madrid y de muchos de sus edificios más representativos. Por cierto, para los que sufrís de vértigo, la altura máxima que alcanzan las cabinas con respecto al suelo es de 40 metros. Sin embargo, si os dedicáis a recrearos con el paisaje es muy probable que ni os enteréis de que estáis en las alturas.

DIRECCIÓN: CALLE DEL PEZ
METRO: NOVICIADO (LÍNEA 2)

Es una de las principales vías de ese laberinto llamado Malasaña. Bulliciosa y animada, la calle del Pez refleja como pocas la vida de un barrio que ha sabido reciclarse mejor que ninguno. Una vida resumida en 33 portales, que nace en la iglesia de San Antonio de los Alemanes y se diluye al llegar a San Bernardo.

La calle del Pez aparece ya en los primeros mapas que se tienen de Madrid, en el siglo XVII, aunque entonces lo hacía con otro nombre, calle de la Fuente del Cura. Siempre ha mantenido su angosto y quebrado trazado. El escenario siempre ha sido el mismo, lo único que han cambiado han sido los figurantes. Ahora, los más modernos de la ciudad chatean con sus *smartphones* desde portales que, no hace tanto, prostitutas utilizaban como oficinas de trabajo.

El nombre de las calles del centro siempre ha dado lugar a historias, algunas más o menos factibles. Es normal que con tantos años a sus espaldas, la calle del Pez también tenga la suya. Según cuenta la leyenda, había antiguamente en esta calle una enorme finca con un estanque en donde vivían muchos peces. El dueño de la misma, don Juan Coronel decidió construir un nuevo inmueble en el mismo solar por lo que el estanque, el lugar preferido de

su hija, durante las obras se fue quedando sin sus preciados habitantes ya que los peces fueron muriendo.

Cuando solo quedó uno, Blanca, que así se llamaba la niña, optó por trasladarlo a una pecera para poder brindarle todos los mimos y atenciones posibles, pero el animal no aguantó demasiado su cambio de casa y terminó por pasar a mejor vida. La niña, rota por el dolor, decidió meterse a monja en el cercano convento de San Plácido. Su padre, don Juan, en recuerdo de aquella desgracia que le había arrebatado a su hija mandó esculpir un pez en la fachada de la nueva vivienda. Todo el mundo comenzó a hablar entonces de la Casa del Pez o de «la calle donde hay un pez» y, al final, el uso extendido optó por rebautizar a la vía como la calle del Pez.

Real o no, lo cierto es que el pez ahí está, la casa no es la original pero en la que se edificó en su lugar se optó por mantener al animal, lo podéis ver si alzáis la mirada a la altura del portal número 24. Entre ladrillos amarillos se puede observar al inquilino acuático más famoso de Malasaña. Él, junto a los vecinos más antiguos de la zona, ha podido apreciar la interesante metamorfosis que está sufriendo la calle. Ahora, en plena ebullición del cambio, locales de toda la vida desaliñados conviven con sitios vanguardistas y de diseño como el Hotel Abalú, perfecto para una noche romántica, o el restaurante Lamucca.

Pero, de todos los locales de Pez, el más representativo es El Palentino, un bar cañí hasta el extremo. Siempre lleno y con un ambiente ecléctico, es todo un símbolo del barrio y el punto de salida para muchas noches malasañeras. Su fama es tal que incluso Manu Chao lo utilizó como escenario para el videoclip de su canción *Me llaman Calle*.

LAS CORRALAS DE MADRID

DIRECCIÓN: CALLE DE TRIBULETE,
CRUCE CON CALLE DE MESÓN DE PAREDES
METRO: LAVAPIÉS (LÍNEA 3)

Si subimos por la calle de Tribulete dejando a nuestras espaldas la plaza de Lavapiés llegaremos a un espacio abierto en donde se levanta la que es, actualmente, la corrala más famosa de Madrid y patrimonio nacional desde 1977. Un vestigio de otra época, llena de cambios y transformaciones. Testigo directo de una forma de vida que permanece mucho más viva de lo que pensamos.

Hasta que me mudé a Madrid nunca había visto este tipo de viviendas así que la primera vez que me adentré en una corrala (recuerdo que estaba buscando piso) me llevé una sorpresa mayúscula al entrar en aquel enjambre de pasillos, cuerdas para tender la ropa y decenas de puertas que parecían mirarme con desdén.

Las corralas son un tipo de edificación típica de Madrid que deben mucho a las casas árabes y a las viviendas del centro de muchas ciudades andaluzas. El denominador común es la presencia de un patio central en el que los vecinos hacen buena parte de su vida, dando, en ocasiones, poco margen a la intimidad y a la tranquilidad.

La proliferación de este tipo de viviendas en la capital se produce sobre todo en dos momentos puntuales de la historia. El primero, después de que Felipe II traslada la corte a Madrid en 1561 lo que hace que

la población aumente sobremanera y que por primera vez se empiece a mirar con lupa cada metro cuadrado de suelo. El segundo llega en el siglo XIX cuando mucha gente optó por abandonar el campo para buscarse un futuro mejor en la gran ciudad. Es aquí cuando se produce un hacinamiento de muchas familias en este tipo de viviendas.

Digo hacinamiento ya que por norma general los pisos en las corralas no superaban los 30 metros cuadrados, siendo en ocasiones de unos 20. Otra de las características de las corralas era la presencia de un único retrete por planta al final del pasillo. Os podéis imaginar que las condiciones de habitabilidad en aquellas épocas eran muy precarias.

Se calcula que aún siguen en pie en Madrid más de 400 corralas, sobre todo por la zona de Lavapiés y Embajadores aunque también quedan ejemplos de estas viviendas en Malasaña, Tetuán y Vallecas. Un tipo de edificación que va de la mano de la historia de Madrid y que aún resiste con fuerza en la sociedad actual.

PARQUE DEL EMIR MOHAMED I

DIRECCIÓN: CUESTA RAMÓN, 1
METRO: ÓPERA (LÍNEA 2, LÍNEA 5)

La enorme riqueza cultural de la zona del Palacio Real y de la catedral de la Almudena le ha robado protagonismo a un sitio que por su trascendencia histórica debería acaparar mucha más gloria de la que recibe. Si bajamos por la calle Mayor, hacia la cuesta de la Vega, justo enfrente de la cripta de la catedral nos encontramos el original parque de Mohamed I, un sitio que marca el verdadero comienzo de esta maravillosa ciudad.

El germen de Madrid lo encontramos en la fortaleza que el emir de Córdoba, Mohamed I (considerado como el fundador de la ciudad), mandó construir para defender el núcleo urbano de Toledo. Para ello, se eligió una zona fácilmente cultivable y rica en agua. La fortaleza se levantaba en el lugar donde hoy está el Palacio Real y en todo su perímetro se construyó una muralla defensiva que en la actualidad se puede ver diseminada por algunos puntos de la ciudad. No obstante, la mayor y mejor muestra la encontramos en este parque.

Casi toda la muralla musulmana se fue perdiendo con el crecimiento y desarrollo de la ciudad, sin embargo, en este punto se encontró una nueva función para estas paredes ya que se utilizaron como muros de carga para los edificios de la época moderna. Lo maravilloso de todo fue que tras su demolición esta joya histórica volvió a salir a luz. Hablamos de más de 120 metros de pura historia, con trece siglos de

andanzas a sus espaldas. En su punto más alto llegan a alcanzar los 11,50 metros de altura.

En 1954 este retazo del Madrid musulmán fue declarado monumento histórico-artístico y para evitar que cayese nuevamente en el saco del olvido se optó por construir un parque junto a él e integrarlo en el mismo. El parque, al que se le dio el nombre del emir de Córdoba que ordenó levantar aquella antigua Mayrit, acaba de ser restaurado y decorado con motivos que nos recuerdan a al-Ándalus y a otros lugares como La Alhambra de Granada. En el centro, coronando la escena, surge una bonita fuente central con forma de estrella. Un concepto que sirve para crear el ambiente idóneo a la hora de admirar y contemplar esta construcción única.

El parque abre sus puertas durante los fines de semana aunque para visualizar las murallas no hace falta acceder a su interior ya que se pueden apreciar perfectamente desde el mirador que forma el trazado de la calle. Desde mi punto de vista, es un sitio con una importancia histórica de primer nivel para la ciudad que, sin embargo, no recibe las atenciones y cuidados que merece, además de no haberse sabido vender.

DIRECCIÓN: PASEO DEL GENERAL MARTÍNEZ CAMPOS, 37
METRO: IGLESIA (LÍNEA 1), RUBÉN DARÍO (LÍNEA 5)

Un muro de ladrillo de varios metros de alto es lo único que separa el alboroto de Madrid del universo de luces y colores que nos dejó Joaquín Sorolla. Junto a su excepcional colección, el mejor legado que tenemos del pintor valenciano es su casa-museo ubicada en el paseo del General Martínez Campos, en Chamberí. Mi museo predilecto de Madrid. Una delicia que nos transporta a la vida de principios del siglo XIX y que enciende todos nuestros sentidos de un plumazo.

El edificio fue construido entre 1910 y 1911 sobre un antiguo palacete. Fue el propio Sorolla el que intervino de forma directa en las obras de reforma para acondicionar la vivienda a su gusto. Así, optó por separar la parte de uso familiar del espacio dedicado al trabajo, compuesto por tres estudios. La creación de este museo fue una petición expresa de la viuda del pintor, Clotilde García del Castillo, motivo por el cual donó todos sus bienes al Estado español. Su último deseo veía la luz el 11 de junio de 1932 cuando este magnífico sitio abría sus puertas por primera vez.

El excepcional estado de conservación de la vivienda, los muebles y los cientos de objetos que la decoran hacen que durante el tiempo que dura la visita pensemos que estamos realmente viviendo en otro siglo. El paseo entre los estudios del pintor y las estancias de la casa, todo ello decorado con un gusto exquisito, es un auténtico placer. Una

de las cosas que más me apasiona de este lugar es la espectacular iluminación natural que inunda cada habitación. Esa luz tan especial que aparece reflejada en sus pinturas.

En la casa-museo de Sorolla podemos ver algunos de los mejores cuadros del artista pero además podemos sentir cómo vivía su autor. Una interesante combinación que nos permite entender mejor su obra. Sin embargo, el valenciano y sus cuadros no son los únicos protagonistas durante la visita ya que repartidas por toda la vivienda nos aguardan muchas sorpresas. Desde elaboradas cerámicas, a esculturas firmadas por Mariano Benlliure, pasando por muebles antiguos, tapices o pinturas de autores como José de Ribera o Mariano Fortuny. Una colección impresionante.

Si espectacular nos parece el interior, los jardines que bordean parte de la vivienda no le van a la zaga. Con claras reminiscencias andaluzas, tienen un encanto embriagador. Estrechos accesos que nos sorprenden en cada mirada, con rincones repletos de encanto, fuentes y bancos. Con el buen tiempo, una jornada de lectura bajo una de sus muchas sombras con la música de la fuente de fondo es algo que nadie debería perderse.

Los azulejos que decoran las escaleras, cada uno de los objetos que reunió el artista en vida, así como los bocetos de sus obras, mires donde mires, encuentras argumentos que merecen por sí solos una visita; visita que los domingos es gratuita pero que yo, personalmente, os recomendaría hacer cualquier otro día. La realidad es que el precio de la entrada no es excesivo y la espiritualidad de este lugar se disfruta mejor con menos gente. Espero que os acerquéis a verlo, solo así comprenderéis por qué es mi museo favorito de Madrid.

EDIFICIO ESPAÑA

DIRECCIÓN: PLAZA DE ESPAÑA
METRO: PLAZA DE ESPAÑA (LÍNEA 3, LÍNEA 10)

Fue bautizado como «El edificio más alto de la nación y de Europa» en un claro ejemplo de propaganda franquista tras su construcción en 1953. Ahora, medio siglo después aguarda silencioso, en un enclave privilegiado, a que alguien le devuelva el esplendor y apogeo al que estuvo acostumbrado desde su concepción. Languidece como un espantapájaros, ese muñeco con alma de paja y esqueleto de palo de escoba que mira inerte cómo la vida pasa ante sus ojos sin poder hacer nada.

Cada vez que paso por debajo del Edificio España pienso lo mismo, la gestión de este gigante de hormigón es un claro ejemplo de la situación del país. Cuando las cosas se hacen sin cabeza pasa lo que pasa, no me imagino en cualquier otra capital de primer orden un edificio de esas características vacío, desaprovechado, sin gente en su interior dotándolo de vida. Una oportunidad inmobiliaria que nadie ha sabido gestionar. Un monstruo de 25 plantas que podría albergar cientos de viviendas absolutamente diáfano. Incomprensible.

Se trata del duodécimo edificio más alto de la capital y hasta 2006 albergó al Hotel Crowne Plaza además de viviendas y oficinas. Sucedió lo que suele ocurrir en la mayoría de estos casos, la dejadez de unos y los empeños de otros fueron deshabitando este símbolo de Madrid hasta dejarlo como lo vemos actualmente.

Su construcción comenzó en 1948 y finalizó en 1953, su fachada y estilo arquitectónico recuerda mucho a los grandes bloques de apartamentos que podemos admirar en Manhattan y es que sus arquitectos tomaron como referencia el Rockefeller Plaza para su construcción. Al principio la gente lo llamaba El Taco, ya que muchos al verlo por primera vez soltaban, impresionados, una palabra malsonante. En sus años dorados llegó a tener incluso una discoteca en la azotea con piscina. Ubicado en el nexo de unión entre Gran Vía y Princesa y junto a la Torre Madrid, a sus pies se extiende la plaza de España, ¿se puede estar mejor ubicado?

En 2006 el Grupo Santander decidió comprarlo por un precio de 300 millones de euros para darle un lavado de cara y convertirlo en un bloque de exclusivos apartamentos. La explosión de la burbuja inmobiliaria se llevó por delante este proyecto mastodóntico que debería de haberse puesto en marcha en 2010. Ahora, se encuentra en plena remodelación y parece que, dentro de no mucho, albergará un lujoso hotel.

Como os digo, es una verdadera lástima ver cómo este magnífico rascacielos se encuentra olvidado y vacío... Bueno, no, parece que vacío del todo no está ya que hay quienes aseguran que en la planta 14 habita un fantasma, los últimos trabajadores que desempeñaron labores de desescombro en el bloque aseguran que los ascensores se abrían y cerraban a su antojo y que sucedían cosas extrañas en su interior. Puede que fuesen espectros, quien sabe, o quizás el propio alma de este edificio, pidiendo a gritos que alguien lo recupere y lo devuelva a la vida.

CAPILLA DEL OBISPO

DIRECCIÓN: PLAZA DE LA PAJA, 1
METRO: LA LATINA (LÍNEA 5)

Según avanza el tiempo y voy averiguando más y más cosas de Madrid cada vez estoy más convencido de que la plaza de la Paja es, por la riqueza de su entorno, uno de los puntos más privilegiados de Madrid. Cuenta con el jardín del Príncipe de Anglona a sus pies, con la plaza del Alamillo en uno de sus flancos y, en su parte más elevada, una misteriosa pared gris con una puerta marrón tras la cual poca gente sabe que se oculta una de las más impresionantes joyas de la ciudad: la capilla del Obispo.

Fueron innumerables las veces que atravesé por esta plaza siempre guardando la mínima esperanza de que esa puerta estuviese abierta. Había leído y sobre todo visto fotografías de lo que tan celosamente escondía. Más tarde me informé de que para poder acceder al interior de este lugar era necesario inscribirse en alguna de las visitas guiadas que se realizan de forma escrupulosa. Mi insistencia tuvo su recompensa el enésimo día que me dejé caer por allí y atisbé la puerta abierta de par en par. «Esta es la mía», pensé, y aceleré el paso con el único propósito de no desaprovechar la caprichosa mano que me tendía el destino.

Antes de contaros cómo acabó mi escaramuza, explicaros un poco qué es la capilla del Obispo y el porqué de mi cabezonería con este lugar. Este edificio, uno de los pocos ejemplos de arquitectura gótica que tiene Madrid, guarda en su interior la que oficialmente se llama capilla de Santa María y San Juan de Letrán. Se levantó sobre el antiguo cementerio de la anexa iglesia de San Andrés entre 1520 y 1535 con un fin, albergar los restos mortales de san Isidro. La familia que impulsó la construcción de este lugar fue la de los Vargas, una de las más poderosas de la época, siendo su verdadero mecenas Gutierre de Vargas, obispo de Plasencia y en cuyo honor empezó a ser conocida como la capilla del Obispo.

Como veis, se trata de un sitio con muchísima historia cuya fama se debe a los tesoros que esconde. Tras pasar la puerta accedí a un sencillo claustro y por fin di con la puertecita que me introduciría de bruces dentro de aquel paraíso. Entre nervioso y acelerado caminé con paso firme y pude contemplar boquiabierto lo que tanto ansiaba ver, su maravilloso retablo mayor. De estilo plateresco y tallado en madera policromada, esta impresionante obra de arte le llevó cuatro años de su vida a Francisco Giralte, su autor. Con un cuerpo central y dos laterales a través de sus deliciosos altorrelieves se nos narran diferentes escenas de la vida de Jesucristo. La sencillez del resto de la estancia contrasta con este retablo recargado e intenso que impresiona nada más verlo.

La desnudez de toda la capilla hace que dos elementos centren toda nuestra atención, por un lado el retablo que ocupa el ábside y a la derecha también destaca un sepulcro realizado en alabastro, con un exquisito grado de detalle y que el obispo que da nombre a la capilla mandó construir para sí mismo.

Monumento nacional desde 1931, lo cierto es que la capilla del Obispo solo alojó a san Isidro hasta 1544 cuando lo trasladaron de nuevo a la iglesia de San Andrés, sirviendo desde entonces como panteón de los Vargas. Un lugar semioculto y misterioso al que poca gente se acerca y que guarda una de las más impresionantes obras de artes de Madrid. Permaneció cerrada durante cuatro décadas, hasta 2010. Aun así, sigue viviendo en el semianonimato de espaldas al gentío que diariamente la rodea. Una verdadera delicia que no tiene el reconocimiento que debería.

Capilla del Obispo

ESTATUA DE FELIPE III

DIRECCIÓN: PLAZA MAYOR
METRO: SOL (LÍNEA 1, LÍNEA 2, LÍNEA 3)

Para conocer el siguiente secreto vamos a darnos una vuelta por el corazón de la ciudad, la plaza Mayor, y vamos a detenernos en un elemento que todos los que hayáis pasado por ahí habréis visto, el caballo de Felipe III.

Como habréis observado en el centro de este gran y solemne recinto se levanta una escultura ecuestre, representa al monarca español Felipe III a lomos de su caballo. La obra fue realizada en 1616 en hierro fundido por Juan de Bolonia y finalizada por Pietro Taca (de hecho podéis observar su firma en la cincha de la escultura).

La escultura no siempre ha estado en esta ubicación que hoy conocemos ya que a lo largo de los años cambió de emplazamiento en varias ocasiones, como durante la I República, cuando estuvo guardada en un almacén hasta la subida al trono de Alfonso XII. Sin embargo, la curiosidad que hoy nos centra transcurre mucho años más tarde, en 1931, con la proclamación de la II República.

En esas fechas, un gamberro tuvo la brillante idea de introducir un artefacto explosivo en la boca del animal para tratar de dañar este conjunto escultórico. Cuando se produjo la explosión, un previsible ruido atronador invadió la plaza; lo que nadie esperaba era que cientos de pequeños huesecillos saltasen por los aires. La gente se acercó para ver de primera mano los desperfectos y, sobre todo, esos misteriosos restos óseos que habían salido de las entrañas del animal, ¿de dónde procedían?, ¿qué hacían allí?

No se tardó mucho en hallar la respuesta a todas estas incógnitas, los pequeños huesos pertenecían a pájaros de reducido tamaño, en concreto a gorriones. Al parecer, estos se apoyaban en la boca del caballo y quizás buscando un poco de sombra o puede que picados por la curiosidad, se dejaban caer por el interior del animal sin saber que aquello era una trampa mortal para muchos de ellos. Luego la estrechez del cuello les impedía aletear hasta el orificio de salida por lo que cientos de ellos terminaron presos en el buche del equino, aleteando en vano, hasta morir.

Sin quererlo, el caballo de Felipe III se convirtió en un cementerio de gorriones. Para que esto no volviese a suceder, Juan Cristóbal, quien restauró la obra tras la Guerra Civil, tuvo un encargo muy concreto, sellar la boca del animal, tal y como la podemos ver actualmente.

Estatua de Felipe III

CASA DE LAS SIETE CHIMENEAS

DIRECCIÓN: PLAZA DEL REY, 1
METRO: BANCO DE ESPAÑA (LÍNEA 2), GRAN VÍA (LÍNEA 1, LÍNEA 5)

Si queremos montar un itinerario por el Madrid más tétrico hay que pasar, sí o sí, por la Casa de las Siete Chimeneas, probablemente el punto de la ciudad que más historias de misterio encierra, aunque nos centraremos solo en una, en la que le dio su merecida y perturbadora fama. Situada a escasos metros de la Gran Vía, en la calle de las Infantas que desemboca en una plazuela con encanto y tranquilidad, la plaza del Rey. Hoy en día en este edificio, fácilmente reconocible por las siete chimeneas que coronan su tejado, tiene su sede el Ministerio de Cultura y parece un palacio antiguo sin más relevancia, pero no debemos dejarnos engañar por su inocente apariencia, su existencia siempre ha estado ligada a hechos oscuros y tenebrosos.

Levantado en el siglo XVI, el edificio se construyó por orden de un montero de Felipe II quien se la regaló a su hija Elena, recién casada con un capitán de la Armada española, el capitán Zapata. En esta casa la pareja fijó su residencia y vivió feliz, pero a las pocas semanas él tuvo que acudir a combatir a Flandes, a la batalla de San Quintín. Elena quedó sola en casa, desamparada, esperando noticias de su marido hasta que recibió la peor notificación posible, su esposo acabar de fallecer en el frente.

La joven viuda entró en un estado de desconsuelo máximo, sumida en la mayor de las amarguras, sin entender a razones. Loca de pena y desconsolada se convirtió en un alma errante que deambulaba por la casa hasta que un día apareció muerta, tumbada sobre la cama, eso sí, con una enigmática sonrisa dibujada en su rostro. Aparentemente había muerto por desamor pero la gente del servicio siempre mantuvo una opinión bien diferente, su ama mostraba claros signos de violencia cuando apareció muerta en su alcoba. El extraño fallecimiento de Elena pronto se convirtió en la comidilla de todo Madrid y un secreto, hasta entonces oculto, no tardó en vez la luz. Elena tenía un amante y este no era un cualquiera, se trataba nada más ni nada menos del monarca, Felipe II.

Fue el propio rey el que encargó abrir una investigación a fondo para esclarecer las misteriosas circunstancias del suceso pero cuando las personas adecuadas llegaron a la Casa de las Siete Chimeneas para comenzar su trabajo descubrieron que el cadáver de Elena había desaparecido. Nadie lo había visto salir pero tampoco estaba en su interior, ¿dónde estaba el cuerpo sin vida de Elena?

Es a partir de ese momento y de esa extraña desaparición cuando se empezaron a producir una serie de extraordinarias apariciones en la casa. Fueron muchos los testigos que juraron haber visto a un espectro caminando por el alero del tejado. Una doncella vestida de blanco que desfilaba con paso lento, unas veces sujetando una antorcha y otras, dándose golpes en el pecho. Un fantasma que a la vista de todos terminaba su enigmático paseo, firme y quieto, apuntando con uno de sus brazos de forma clara hacia el alcázar, residencia entonces del monarca…

Con el paso de los años, las apariciones dejaron de producirse y la historia de Elena cayó en el saco del olvido. Por el palacio pasaron muchos nobles y terratenientes hasta que en el siglo XIX, el Banco de Castilla se hace con la propiedad de este peculiar edificio. El misterio de Elena recobró importancia con un inesperado giro en la trama.

Durante las obras de reforma del edificio, tras uno de los muros del sótano, unos operarios descubrieron, con estupor, el cadáver de una mujer con un puñado de monedas de oro, estas, curiosamente, de la época de Felipe II.

No obstante, estos no son los únicos acontecimientos misteriosos que rodean a la Casa de las Siete Chimeneas. Durante el Motín de Esquilache, en el siglo XVIII, en este mismo edificio un mayordomo fue golpeado hasta la muerte, y de forma mucho más reciente, en 1960, en unas nuevas reformas se encontró tras una de las paredes de la casa otro cuerpo, este masculino y, por supuesto, anónimo. Así se escribe la historia de la casa encantada, la más famosa de Madrid pero no la única.

PALACIO DE CRISTAL

DIRECCIÓN: PARQUE DEL RETIRO
METRO: RETIRO (LÍNEA 2), IBIZA (LÍNEA 9)

Hace unos meses pude saldar una de mis cuentas pendientes con Madrid, acudir al parque del Retiro y ver en primera persona el Palacio de Cristal. Se trata de un enorme edificio construido para la Exposición de las Islas Filipinas de 1887 que guarda en su simplicidad su mejor arma.

En cuanto distingues su silueta entre la frondosa vegetación que lo rodea, tienes una primera idea equivocada. Parece que sea un enorme caserón abandonado, del que solo queda ya su esqueleto. Pero según avanzas ese primer halo de misterio y de soledad que desprende se torna en una delicadeza exquisita.

El Palacio de Cristal, que bebe los aires del Crystal Palace de Londres, sustenta su cuerpo sobre una estructura de metal y está completamente recubierto por planchas de cristal. Lo primero que imaginé al verlo atravesado por los rayos de sol fue el impresionante calor que debía de hacer en su interior. Luego averigüé que durante la exposición sirvió de invernadero, dando cobijo a diversas plantas exóticas.

Como curiosidad, indicar que este original edificio fue el lugar en el que Manuel Azaña fue elegido presidente de la República en 1936 puesto que las Cortes se habían quedado demasiado pequeñas. Ahora, sigue siendo utilizado como escenario, pero para acontecimientos menos importantes, como exposiciones de arte o eventos. Os recomiendo que vayáis a verlo, aprovechando los días de sol y buen tiempo. Ante todo que no os pase como a mí, que tardé una eternidad en ir a verlo.

No os defraudará. Sin duda, es uno de los lugares más románticos y magnéticos de la ciudad.

Palacio de Cristal

PARROQUIA DE SAN MANUEL Y SAN BENITO

DIRECCIÓN: CALLE DE ALCALÁ, 83
METRO: RETIRO (LÍNEA 2)

Si damos un paseo por el barrio de Salamanca, disfrutando de sus elegantes edificios y llegamos al cruce de la calle Lagasca con la calle Alcalá, enfrente del parque del Retiro, nos topamos con una de las iglesias más bonitas de Madrid y eso es mucho decir ya que el listón está muy alto. En ese esquina exacta nos espera la iglesia de San Manuel y San Benito, un lugar muy singular.

Se trata del mejor ejemplo de arquitectura neobizantina que existe en la ciudad. Su arquitecto fue Fernando Arbós y Tremanti, creador de otro edificio de corte similar como es el Panteón de los Hombres Ilustres, muy cerca de la basílica de Atocha. La construcción de esta coqueta iglesia duró siete años, desde 1903 a 1910.

Para conocer el origen de este templo hay que hablar de Manuel Caviggioli y su mujer Benita Maurici. Este matrimonio catalán aunque de origen italiano quiso utilizar este solar de su propiedad para levantar una iglesia-panteón donde recibir el descanso eterno. Es por ellos, Manuel y Benita, que la iglesia recibe esta advocación. Él murió en 1901 y un año más tarde, su viuda, se comprometía con los padres agustinos a levantar esta magnífica iglesia.

De su aspecto exterior destaca la enorme luminosidad que transmite todo el conjunto, su campanil de aire frágil y fino y la cúpula de color rojizo. Siempre que paso a su lado tengo la percepción de que esta iglesia pegaría más en medio de Florencia o de Venecia que a las

Parroquia de San Manuel y San Benito

puertas del Retiro. Quizás eso es lo que la hace tan diferente y deliciosa. Que parece desubicada en el espacio y en el tiempo.

En el interior de la iglesia de San Manuel y San Benito continúan las sorpresas y todas para bien. Nada más entrar una agradable luz de tonalidad amarillenta invade la estancia. Con planta de cruz griega, buena parte de sus paredes están vestidas por coloridos mosaicos. Todo está decorado con detalle y elegancia. La combinación de tonos rojos, verdes y amarillos predominan el conjunto. En el centro destaca el altar de mármol blanco. La belleza de este lugar está al alcance de muy pocos sitios. Es algo en lo que están de acuerdo tanto los madrileños como la gente que viene de fuera. Por ello tiene una gran demanda para celebrar bodas y bautizos.

Acaba de cumplir cien años pero mantiene intacto ese magnetismo que la caracteriza. Como datos curiosos, decir que se levanta en el lugar donde estuvo la antigua plaza de toros de Madrid y que durante la Guerra Civil hizo las funciones de almacén y economato. En la actualidad, pocos reniegan de su belleza y de su arrollador encanto.

PLANTA GOURMET EXPERIENCE DE EL CORTE INGLÉS

DIRECCIÓN: PLAZA DE CALLAO, 2
METRO: CALLAO (LÍNEA 3, LÍNEA 5)

Una de mis grandes obsesiones en Madrid ha sido y es encontrar las mejores vistas de la ciudad. Un objetivo que me ha llevado a conocer lugares fantásticos como este del que os quiero hablar en las próximas líneas. Confieso que no supe de la existencia de este sitio hasta que una foto en una red social me puso tras la pista. Poco después estaba mirando al letrero de Schweppes de tú a tú, por fin, en una situación de relativa igualdad.

Desde hace unos meses la novena planta de este centro comercial ha sufrido un importante lavado de cara para ofrecer un multiespacio gastronómico de 1500 metros cuadrados que hará las delicias de los paladares más finos. Sin embargo, el motivo de mi visita no era saciar mi estómago y sí mi vista, así que nada más llegar a esa planta que hace de limbo entre el suelo y el cielo madrileño, mi instinto me guió hasta el enorme ventanal del fondo. Según avancé, sentí cómo, desde el otro lado del cristal, el Edificio Capitol aguardaba nuestro ansiado encuentro.

Pegado al ventanal sentí cierto vértigo al mirar al suelo y contemplar la plaza de Callao como un enorme hormiguero donde nada espera a nada. A su lado, imponente, el tramo final de la Gran Vía, majestuosa, con el Palacio de la Prensa en primer plano y esa enigmática pareja, el Edificio España y la Torre Madrid, en el horizonte. El tráfico como siempre, bien armado, y por encima ese impagable tesoro que es el cielo de Madrid.

Miré a los ojos al icónico letrero de Schweppes y comencé a hacer un recorrido por los diferentes ángulos que nos ofrece este magistral mirador. Llegué al punto donde comienza la terraza al aire libre, y seguí disfrutando de ese enorme lienzo que tenía ante mis ojos. El Teatro Real, el Palacio Real, la catedral de la Almudena. Allá estaban todos los invitados a esta espectacular fiesta.

Seguí caminando por la terraza, de forma alargada y decorada con un estilo *chill out* muy sugerente, que recorre desde las alturas el perfil de la calle del Carmen. En esa última parada jugué a recorrer los diferentes trazados que llevan a la Puerta del Sol y distinguí entre ese mar de tejados y azoteas las agujas de la plaza Mayor, la torre de la iglesia de Santa Cruz, la plaza de Santa Ana y más, mucho más, pero eso ya os dejo que lo descubráis vosotros.

Lo bueno de este sitio es que cierra a las doce de la noche por lo que además de poder visitarse de día también podemos hacerlo cuando los rayos de sol ya han desaparecido. Además, no es obligatorio consumir por lo que siempre tienes la opción de subir, echar un (gran) vistazo e irte por donde has venido. Un lugar fascinador donde el ritmo frenético que invade Madrid en su día a día nos brinda una merecida tregua.

TEMPLO DE DEBOD

DIRECCIÓN: PASEO DEL PINTOR ROSALES, 2
METRO: PLAZA DE ESPAÑA (LÍNEA 3, LÍNEA 10), VENTURA RODRÍGUEZ (LÍNEA 3)

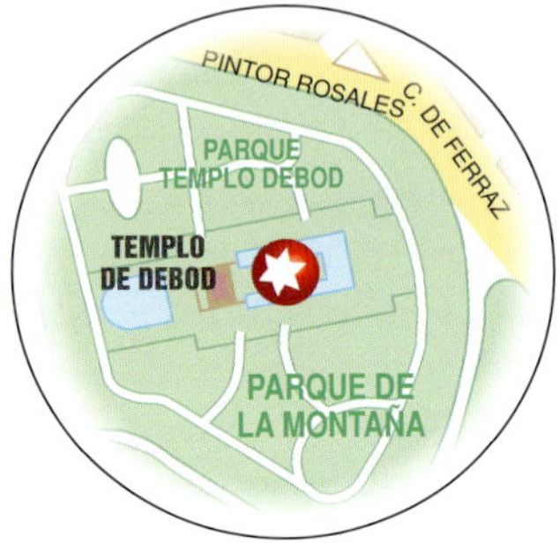

Acaba de cumplir cuarenta años y, paradójicamente, es la construcción más antigua de Madrid, egipcio de nacimiento, *gato* de adopción, el Templo de Debod se ha convertido, y de forma merecida, en uno de los rincones más representativos y amables de la ciudad. Rebosa una energía especial, un aura que dota a la zona de un ambiente único.

Ya sea solo, en pareja o en grupo, su visita es casi un acto de purificación. Más de dos mil años de historia avalan a este conjunto arquitectónico que es, desde hace tiempo, uno de los lugares más queridos de Madrid.

Cuando me mudé a esta ciudad he de reconocer que nunca había oído hablar de este lugar pero en mis primeras investigaciones apunté en rojo la presencia de ¿un templo egipcio en el centro de Madrid? Cuando me acerqué y lo pude disfrutar en persona comprendí todas las alabanzas que sobre él había leído. Colocado en un alto, en mitad de un emplazamiento único, se levanta este pequeño templo, cuyos jardines de alrededor invitan a tumbarnos y a contagiarnos de su magia.

La pregunta surge casi inmediata ¿qué hace en el centro de Madrid? La respuesta aparece en 1968. El templo fue un regalo del país africano a España por acudir a su llamada de ayuda a la UNESCO para salvar los templos de Nubia, en concreto de Abu Simbel, ya que estos corrían el grave riesgo de desaparecer por la construcción de la presa de Asuán.

De hecho, durante las obras de la primera parte de la presa, este templo pasaba 9 meses cubierto por agua, lo que hacía que su sino apuntase claramente a la desaparición, todo ello por su proximidad al Nilo. No obstante, la ayuda externa permitió que varios de estos templos se salvasen y, en señal de agradecimiento, Egipto envió alguno de ellos a Holanda, Estados Unidos e Italia, además de a España.

Madrid acogió con los brazos abiertos este presente que viajó en barco hasta Valencia y luego en camiones hasta la capital, en concreto hasta el solar del cuartel de la Montaña, lugar en el que se vivió un duro episodio durante la Guerra Civil. Desplazar cerca de 1300 sillares más de 3000 kilómetros fue quizás la tarea más sencilla. Los problemas surgieron cuando hubo que comenzar la reconstrucción ya que el Servicio de Antigüedades de Egipto solo aportó un croquis del alzado y varias fotografías para el montaje. Además en el transcurso del viaje muchos bloques perdieron su numeración. Aquello fue como montar un enorme puzle a gran escala sin poder mirar la tapa de la caja que sirve como referencia.

Durante su nuevo levantamiento se mantuvo la orientación original, de este a oeste, y finalmente pudo ser inaugurado en julio de 1972. A lo largo de estas cuatro décadas ha aportado un toque exótico y espiritual al centro de Madrid. También, durante todo este tiempo ha tenido ocasión de intimar con sus compañeros de pupitre como la plaza de España o el Palacio Real. A sus espaldas, con una panorámica celestial sobre la Casa de Campo, coronada por la catedral de la Almudena, podemos disfrutar de una de las mejores vistas de la ciudad y posiblemente del mejor atardecer madrileño.

Desde hace algún tiempo han surgido tímidas voces que piden que se cubra para su mejor conservación. Ingredientes como la polución, las inclemencias del tiempo o el vandalismo son un coctel demasiado fuerte para este anciano que, irremediablemente, se degrada. Pero si se hiciera estaríamos matando uno de los rincones con mayor encanto de Madrid. Lo pude comprobar hace dos años en el Museo Metropolitano de Nueva York, donde guardan bajo techo a uno de los «hermanos» de este templo. Me dio la sensación de estar visitando a un preso en su celda.

En mi opinión, el gran secreto del Templo de Debod es que marco y protagonista van de la mano y solo así, en libertad, brilla y luce con todo su esplendor. Los efectos de los rayos del sol, el reflejo del agua... da igual a qué hora del día pasemos, el efecto romántico de este sitio se mantiene perenne, cautivando de forma sigilosa, generación tras generación, a todo el que se ofrece a hacerle una visita.

ESTACIÓN DE METRO DE TIRSO DE MOLINA

DIRECCIÓN: PLAZA DE TIRSO DE MOLINA
METRO: TIRSO DE MOLINA (LÍNEA 1)

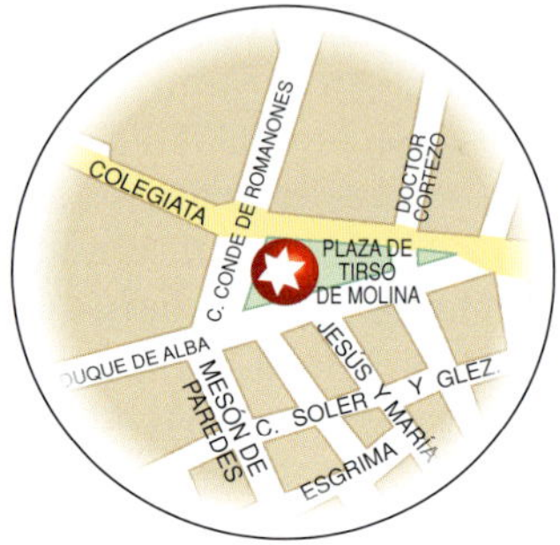

Muchas veces, caminando por el interior de las estaciones de metro me he preguntado cómo es posible construir semejantes espacios bajo tierra sin alterar la fisionomía de la ciudad. Todas estas cuestiones encuentran una pequeña respuesta en el próximo secreto, el que nos lleva a una de las estaciones del centro de Madrid, a Tirso de Molina y al misterio que guardan sus galerías.

En la explanada que actualmente ocupa la plaza, estuvo hasta 1834 el convento de la Merced, el cual desapareció por la desamortización de Mendizábal. El convento contaba con un pequeño cementerio donde los monjes de la congregación encontraban el descanso eterno. Sin embargo, el camposanto no se trasladó al derruir el convento sino que se optó por dejarlo allí para siempre.

En aquel momento se procedió a alisar el terreno, plantar unos árboles y denominar al espacio plaza del Progreso. Con el paso de los años, la presencia del cementerio fue relegada al olvido hasta que comenzaron las obras para una de las estaciones del metro de la Línea 1. Los obreros estaban picando una de las paredes cuando, entre gritos de asombro y miedo, descubrieron entre los muros la presencia de numerosos esqueletos. Eran los restos sepultados de los antiguos frailes que en su día habitaron el convento.

Fue entonces cuando comenzaron a circular historias y leyendas sobre fantasmas que habitaban en la estación. Lo más peliagudo del caso es que las autoridades no se pusieron de acuerdo en qué hacer con todos los restos, así que asumieron la solución más fácil: los depositaron de nuevo tras las muros de los andenes y los recubrieron con azulejos. Así que, casi un siglo después, ahí siguen, a solo unos cuantos centímetros del mundo de los vivos, ajenos al bullicio de nuestro día a día.

Por cierto, la plaza del Progreso (y la estación de metro del Progreso) finalmente adoptaron el nombre de Tirso de Molina, quien fue uno de los frailes que habitó en el antiguo convento de la Merced.

CINE DORÉ

DIRECCIÓN: CALLE DE SANTA ISABEL, 3
METRO: ANTÓN MARTÍN (LÍNEA 1)

Corren malos tiempos para la industria del cine, hace un tiempo éramos conscientes del oscuro futuro (y presente) que les aguarda, por ejemplo, a los Cines Renoir. El séptimo arte se desangra en la era digital y de las descargas, por eso, nos vamos de paseo a una de las salas más emblemáticas de Madrid.

Ubicado en la calle de Santa Isabel, en el multicultural barrio de Lavapiés, el Cine Doré fue uno de los primeros que hubo en la ciudad, siendo inaugurado en 1923. Su colorida fachada de elegante estilo *art déco* contrasta con las viviendas vecinas y secuestra la atención de cualquiera que pase por su lado.

Leyenda viva del idilio entre Madrid y el cine, en su interior se comenzaron proyectando películas mudas (ya que entonces no existían las cintas con sonido) por lo que, bajo la pantalla, había un piano cuyas notas amenizaban la proyección y el tiempo de los descansos. A esta mágica banda sonora había que añadir el chasquido de las pipas que comían los espectadores mientras atendían, absortos, a la pantalla. Un producto mucho más nuestro que las palomitas y motivo por el cual al Cine Doré la gente lo bautizó como el «palacio de las pipas».

Sobre su verdadero nombre existen varias hipótesis, la primera, que se llamó así en honor al grabador e ilustrador francés Gustavo Doré. Sin embargo, si

nos fijamos en fotografías antiguas del edificio vemos que las palabras «Do» y «Re» aparecen separadas por un guión. Es entonces cuando cobra fuerza la idea de que su nombre hace alusión a las dos primeras notas de la escala musical.

Este simpático edificio, por cuyas sesiones continuas (de tres de la tarde a dos de la madrugada) pasaron un buen puñado de madrileños y madrileñas y que sobrevivió a la caída de un obús durante la Guerra Civil, quedó obsoleto ante la aparición de las grandes salas de cine. Cerró e incluso se planteó su demolición, pero cuando peor pintaban las cosas para el Cine Doré, el Ministerio de Cultura optó por convertirlo en la sala de proyecciones de la Filmoteca Nacional, función que cumple con orgullo, desde 1989.

CALLE DEL SACRAMENTO

DIRECCIÓN: CALLE DEL SACRAMENTO
METRO: ÓPERA (LÍNEA 2, LÍNEA 5)

Si hay una calle con un pasado tenebroso y oscuro en Madrid esa es la calle del Sacramento, que transcurre por el Madrid de los Austrias hasta asomar a la calle Mayor. Si buscamos un escenario de miedo en la ciudad, aquí se ambientan hasta tres siniestras historias.

La Casa de los Gatos: en donde hoy se levanta una explanada con una cascada y un aparcamiento subterráneo estuvo, hasta 1972, la casa donde se produjo este macabro relato. Vivían aquí dos ancianas que pasaban los días rodeadas de gatos abandonados que recogían de la calle. Todo transcurría normal hasta que las señoras dejaron de salir al exterior. Al tiempo, un desagradable olor procedente del interior de la vivienda hizo que se diera parte a la justicia. Cuando un alguacil abrió la puerta de una patada se encontró con una imagen dantesca y desagradable... los cuerpos de ambas mujeres en avanzado estado de descomposición y, en parte, devorados por los gatos que tiempo atrás habían adoptado como hijos.

La Casa de la Cruz de Palo: muchos años antes se produjo en el mismo edificio otro aterrador suceso. Aquí vivía una pareja musulmana, una dualidad rota por la existencia de un amante cristiano; un tercero en discordia que de vez en cuando se dejaba caer para visitar a su amada hasta

que, súbitamente, salió de este triángulo amoroso. Al paso del tiempo, cuando el marido falleció ella decidió hacer una reforma en la casa y descubrió, horrorizada, el cadáver de su antiguo amante emparedado tras uno de los muros de la vivienda. Al parecer había sido sorprendido en alguna de sus idas y venidas por el furioso esposo quien no tuvo piedad de él. A partir de ese momento, la mujer decidió convertirse al cristianismo y mandó colocar en el tejado una cruz de palo para que todos fuesen testigos de su cambio de fe.

La leyenda del guardia de Corps: en el número 12 de esta calle encontramos otra misteriosa anécdota, acontecida durante el reinado de Carlos IV, en el siglo XVIII. A la Guardia de Corps perteneció un oficial llamado Juan Echenique, conocido por su fama de conquistador. Una noche caminando hacia el Palacio Real, donde le tocaba hacer el cambio de guardia, escuchó cómo una bella mujer le invitaba a subir desde una ventana. Una propuesta que no supo rechazar. Al rato, aquel apasionado encuentro se vio interrumpido por el repique de unas campanas. Echenique se vistió de forma atropellada y abandonó la alcoba apresurado. Estando ya de camino, el militar se dio cuenta de que había olvidado el sable en el interior de la casa así que volvió sobre sus pasos hasta encontrarse con una desagradable sorpresa. El inmueble donde había estado las últimas horas se presentaba ahora destartalado, como si llevase años cerrado. Echenique preguntó a un vecino por la hermosa mujer que vivía en la casa y este le respondió que llevaba mucho tiempo muerta. Nuestro protagonista abrió la puerta de un empujón y subió las escaleras como alma que lleva el diablo. Al llegar al dormitorio encontró cubierta de telarañas su espada. Corrió hasta la iglesia de San Justo y rezó pidiendo perdón a Dios. Echenique entendió que aquello era una lección divina por su pasado pendenciero.

A partir de aquel suceso, abandonó su vida anterior e ingresó en un convento, alejado para siempre de las tentaciones y de su vida frívola.

Después de todo esto, ¿os seguís atreviendo a pasar por la calle del Sacramento?

DIRECCIÓN: CALLE DE FELIPE IV
METRO: BANCO DE ESPAÑA (LÍNEA 2)

CALLE DE FELIPE IV

En cierta ocasión, pregunté a mis seguidores de Twitter que me dijeran cuáles eran sus rincones preferidos de Madrid. Casi todas las respuestas las había oído antes o las conocía. Sin embargo, hubo una que no me esperaba y que me descolocó: «La calle de Felipe IV» me formuló un chico. Apunté aquellas palabras en rojo y tan pronto como pude me acerqué a ver qué había de cierto en su afirmación. Ahora ya puedo decir que razón y argumentos no le faltaban.

La calle de Felipe IV no suma más de trescientos metros de trazado, eso sí, con un dibujo un tanto peculiar. En su comienzo, en la plaza de Cánovas del Castillo, solo encontramos edificios a mano izquierda ya que la otra acera la ocupa el verde que bordea el Museo del Prado. No obstante, en su tramo final, su arquitectura lógica se ve rota por un elemento que parece caído del cielo, el Casón del Buen Retiro, una presencia inesperada que hace el camino se bifurque en dos antes de morir en la calle de Alfonso XII, desde donde ya nos observa el parque del Retiro.

Se nota que es una calle que tradicionalmente ha dado cobijo a las familias acomodadas. Bonitos y cuidados edificios de corte clásico dan a esta tranquila calle un aire elegante. Me gustó mucho su carácter tranquilo y pausado. No recuerdo comercios ni siquiera locales en sus bajos. Es una calle diferente, que alberga instituciones y viviendas y en donde, supongo, su silencio tendrá un alto precio.

Una de las virtudes de esta vía es la riqueza de elementos importantes de los que goza. Al ya mencionado Casón del Buen Retiro, del siglo XVII, hay que añadirle, en el número 4, la sede de la Real Academia de la Lengua. Estos edificios, a su vez, están acompañados por dos vecinos únicos; por un lado, el monumento a la reina María Cristina, una escultura de bronce en honor a la cuarta esposa de Fernando VII, que alzada sobre un enorme pedestal irrumpe con fuerza en la escena dominándola en silencio; y, por otro, una estatua más discreta, en esta misma calle, el monumento a Francisco de Goya que representa al magnífico pintor aragonés y que fue realizada por Mariano Benlliure.

En esta primorosa calle os recomiendo hacer un recorrido desde su parte más alta, empezando por el Casón del Buen Retiro. Desde ahí podréis ver cómo por encima del monumento a la reina regente asoman las torres de los Jerónimos. Una maravillosa visión con la que abrazar el ocaso del día. Después, en calma y sin ruidos encaminaremos nuestros pasos hasta llegar a los territorios de Neptuno. Allí, el tráfico y el tumulto nos devolverán a la realidad. No sin antes recordar cuánta razón tenían las palabras de aquel acertado lector.

DOLMEN DE DALÍ

DIRECCIÓN: PLAZA DE SALVADOR DALÍ
METRO: GOYA (LÍNEA 2, LÍNEA 4)

La llama de Salvador Dalí sigue prendiendo con fuerza, una prueba de ello es el legado que el maestro dejó en Madrid. La única plaza que proyectó el artista español y una de sus últimas obras se puede disfrutar al final de la avenida de Felipe II, justo delante del Palacio de Deportes de la Comunidad de Madrid. Un grupo escultórico en el que Dalí recoge y regala la madurez de su obra. Un lugar fuera de lo común, extraordinariamente magnético y con una simbología digna de estudio.

La presencia de esta exclusiva obra en Madrid se debe al exalcalde Enrique Tierno Galván, quien propuso al genio de Figueras el llevar a cabo una plaza en la capital. Una propuesta que maravilló al autor y a la que dedicó parte de sus últimos años de vida. Inaugurada un 17 julio de 1986, a las 13:13 horas, en ella vemos un dolmen de granito, colocado a 13,13 metros de altura y sujetado por tres columnas y una escultura un tanto ambigua que se levanta sobre un cubo.

El grupo escultórico desprende una energía sublime, creando un todo armónico que adquiere una dimensión superior al conocer lo que su autor quiso transmitir con ella. El Dolmen de Dalí nos muestra a una persona en plena evolución dentro del cosmos. No obstante, nos exhibe a alguien que ya ha

G

sido capaz de conseguir un alto grado de desarrollo, por este motivo se le denomina Homenaje a Newton. La figura, que se alza sobre un cubo en cuyos lados aparecen las letras que forman el nombre de Gala, su musa y mujer, aparece con varias partes huecas en su cuerpo. Esto significa que está eviscerado, alejado de las ataduras carnales, unos instintos y necesidades que ha conseguido controlar.

Siguiendo con la escultura observamos que tiene el pie derecho fragmentado en varios trozos; esto representa su cojera, su imperfección y, por tanto, que aún no ha logrado su desarrollo absoluto. Dalí dejó para el recuerdo una obra llena de símbolos y significado que estuvo muy cerca de desaparecer. En 2002, el Ayuntamiento de Madrid quiso llevar a cabo una remodelación de la zona y propuso cambiar la ubicación de la escultura y quitar el dolmen. Ante este atropello los vecinos del barrio crearon una plataforma que logró, en parte, frenar las intenciones del consistorio. No se pudo evitar el cambio del pavimento original de la obra.

La ciudad de Madrid tiene la suerte de tener entre sus calles el único monumento urbano que realizó Dalí. Una fantástica obra que nos pone sobre la mesa el tema del origen de la vida y en la que hay guiños a Gala y a Newton. Madrid tiene, desde 1986, un privilegio más del que sentirse orgullosa.

JARDÍN SECRETO DE HERMOSILLA

DIRECCIÓN: CALLE DE HERMOSILLA, 26
METRO: SERRANO (LÍNEA 4), VELÁZQUEZ (LÍNEA 4)

Algunos de los secretos de Madrid los descubres por ti mismo, caminando, deambulando… otros, sin embargo, te los descubren o te los recomiendan, ahora estamos ante uno de estos casos. Un rincón que yo jamás hubiera podido sacar a la luz por cuenta propia pero que me fascinó en cuanto lo conocí. Un pequeño patio escondido que rebosa un aire londinense por los cuatro costados.

La calle Hermosilla está en el centro del barrio Salamanca, una zona bulliciosa que todo sea dicho no suelo frecuentar mucho, pero un día me tocó hacer de acompañante para un recado. «Además, te va a encantar este sitio», fue lo que me dijeron. Al principio pensé que se trataba de la típica táctica que sale en todos los manuales básicos para convencer a alguien, pero no. Cuando lo vi sentí cómo me transportaba al Londres de los mercadillos de Portobello o Camden, de las tiendas de postal y de las antigüedades que nos observan silenciosas, esperando a que por fin, alguien se anime a comprarlas.

Lo curioso de este espacio es que pasa desapercibido para cientos de peatones que pasan diariamente por su puerta, ajenos a que a un puñadito de metros se encuentra uno de los lugares más originales y embriagadores de la ciudad. Solo si damos unos pasos y atravesamos el umbral del elegante portal que lo custodia, comenzamos a adivinar una frondosa vegetación. Es cuando caemos en la cuenta de que estamos en un lugar especial, diferente.

Hasta que no avanzas unos metros y no llegas por completo a este patio interior no te puedes hacer una adecuada composición del entorno. Antigüedades, tiendas, plantas, bancos de forja, muebles de madera, flores... todos conviven en armonía en este rincón único y bohemio. Todo está cuidado hasta el más mínimo detalle, con mimo y con esmero. Te frotas los ojos, no, no estás en Londres. Pero para entonces, ya la personalidad de este sitio te ha absorbido. Caminas y observas fascinado.

Pasar un rato por este mágico lugar es seguramente la forma más económica de viajar a Londres sin movernos de Madrid y sin tener que pasar los tediosos controles de seguridad del aeropuerto. Es una experiencia altamente recomendable. Desde luego, ojalá que, todas las veces que me toque acompañar a alguien, me descubran sitios como este.

HOSPITAL DE MAUDES

DIRECCIÓN: CALLE DE RAIMUNDO FERNÁNDEZ VILLAVERDE, 18
METRO: CUATRO CAMINOS (LÍNEA 1, LÍNEA 2, LÍNEA 6)

Mi encuentro con el Hospital de Maudes no pudo ser más casual y fortuito. Cierto día regresaba a casa en autobús después de haber estado cenando en un restaurante. Volvía con la mirada clavada en el infinito cuando mi cerebro reaccionó ante un estímulo desconocido, procedente del otro lado del cristal. ¿Qué era eso que acababa de ver? Volteé la cabeza y adiviné una silueta que en mitad de la noche me recordó a un castillo. Aquello no podía quedar así.

Sin mucho esfuerzo, buceando en Internet encontré la identidad de aquel misterioso edificio, el Hospital de Maudes o mejor dicho, antiguo Hospital de Jornaleros. Una inmensa mole que ocupa toda una manzana y que sobresale con fuerza en el castizo Chamberí. Un edificio al que su ubicación alejada de las principales rutas turísticas le ha relegado a un injusto segundo plano. Su historia y su diseño merecen mucho más.

Su benefactora fue Dolores Romero y Arano, viuda del empresario del metal Curiel y Blasi quien proyectó en 1906 la construcción de un hospital que dispensase asistencia médica gratuita a los jornaleros de Madrid. Para ello decidió emplazar el proyecto en una manzana de su propiedad, que entonces quedaba a las afueras de la ciudad. La construcción del edificio se

alarga hasta 1916 y corre a manos de los arquitectos Antonio Palacios y Joaquín Otamendi. Ellos fueron los responsables también del Palacio de Telecomunicaciones en Cibeles, actual sede del Ayuntamiento de Madrid. Si nos fijamos, ambos edificios tienen un notable parecido.

El enorme complejo, que ocupa una manzana cuadrada, está completamente amurallado y al contemplarlo por momentos podemos pensar que estamos ante un centro penitenciario. Se articula en torno a un patio central de planta octogonal, con una fuente, del cual parten, en forma de aspa, cuatro galerías radiales. Su imagen desde las alturas es deliciosa y asombrosa. Cuando me decidí a visitarlo, tuve la ocasión de poder entrar a verlo por dentro y resulta impresionante. Emociona y produce sensaciones ambiguas. La enorme iluminación natural y sensación de espacio que se percibe en su interior contrasta con el hermetismo que se palpa al otro lado del muro.

En el diseño de las estancias, Palacios y Otamendi tuvieron en cuenta aspectos como el máximo aprovechamiento de la luz natural, los vientos saludables de la zona o el espacio. Por ejemplo, las escaleras de tipo caracol permiten que el aire viciado se encauce de una forma más adecuada y mejore la ventilación del edificio. El trazado de la planta también permitía reducir al máximo los recorridos de un punto a otro del complejo. Como vemos, en el hospital, que contaba con 150 camas, se cuidó hasta el más mínimo detalle.

Durante la Guerra Civil fue por su función un objetivo militar prioritario y cambió su nombre por el de Hospital Obrero de Maudes. Con el paso de los años fue cayendo en un inmerecido abandono, incluso fue utilizado como chatarrería y muchos indigentes lo utilizaron como vivienda. En 1984 la Comunidad de Madrid lo rescató del olvido y, previo pago de 235 millones de pesetas y una profunda rehabilitación, lo destinó para sede de su Consejería de Transportes e Infraestructuras.

Un edificio que impresiona a pie de calle, que cautiva en su interior y que recibe muchos menos elogios de los que debiera, así es el antiguo Hospital de Maudes, otra de las enormes joyas de Madrid.

PÚLPITO DEL ARCO DE CUCHILLEROS

DIRECCIÓN: CALLE DE LA ESCALERILLA DE PIEDRA
METRO: ÓPERA (LÍNEA 2, LÍNEA 5)

Vamos a reparar en un pequeño elemento urbano casi imperceptible para la gran mayoría de los que transitan por Madrid en su día a día. Pocos, muy pocos, recaen en la presencia de una barandilla metálica en el interior del Arco de Cuchilleros que vivió en primera persona un episodio decisivo de nuestra historia.

El arco es una de las nueve puertas que posee la plaza Mayor, posiblemente sea la más evocadora de todas ellas y desemboca en la colorida y efervescente Cava de San Miguel. Su nombre oficial es calle de la Escalerilla de Piedra. En el interior, antes de dar paso a los estrechos peldaños de su escalinata existe a mano derecha una plataforma de piedra coronada con una barandilla metálica de forma semicircular y que nos evoca claramente a un púlpito.

Como os digo, es muy posible que incluso los que hayáis pasado por este famoso arco ni os hayáis percatado de él, muchas veces el trasiego de personas o la falta de luz le condenan a un papel secundario en el colectivo madrileño. Sin embargo, ahí donde lo veis, tuvo un papel crucial en la historia de Madrid. Desde esta plataforma, Antonio, un fraile del convento de San Gil, arengó y motivó con su discurso a una importante masa de madrileños para que se sublevasen contra las fuerzas invasoras. Hablamos de las tropas francesas y de mayo de 1808. Así es, en ese punto

LAS CUEVAS

se originó el germen que dio lugar a la guerra de la Independencia. Ahí nació el espíritu que llevó a alzarse contra los hombres de Napoleón.

Otra fecha importante para este escurridizo rincón fue el año 1978, aunque por otros motivos. Durante este año parece que los vándalos de Madrid la tomaron con él ya que hasta en dos ocasiones –la segunda un once de noviembre– la barandilla fue robada, al Ayuntamiento no le quedó otra que reponerla.

Como una última curiosidad indicar que junto al púlpito podemos ver el acceso a un portal, a una casa de vecinos. En ese bloque fue donde Benito Pérez Galdós ubicó la vivienda de Fortunata, una de las dos protagonistas de su novela *Fortunata y Jacinta* tal y como se puede apreciar en el siguiente párrafo, extraído del libro:

> Pues por el orden siguiente, he ido descubriendo estos hechos: Que Fortunata no se ha muerto, que está en Madrid, que vive cerca de la plaza Mayor, que vive en la Cava de San Miguel, en la casa de los escalones de piedra, que está fuera de cuenta desde hace un mes, y que D. Francisco de Quevedo la asiste.
>
> *Fortunata y Jacinta*, capítulo V – «La razón de la sinrazón», parte IV.

CALLE DE ROMPELANZAS

DIRECCIÓN: CALLE DE ROMPELANZAS
METRO: CALLAO (LÍNEA 3, LÍNEA 5)

Incluso aquellos que no viven en Madrid sabrían decir el nombre de la calle más larga de la ciudad (la calle Alcalá, con algo más de 10 kilómetros) pero estoy seguro de que muchos tendrían más problemas a la hora de responder cuál es la más corta, así que voy a ayudaros un poco…

Se trata de la calle de Rompelanzas (su nombre ya nos da una pista sobre su aspecto) y es la que va desde Preciados hasta la calle del Carmen. Su trazado no tiene más de 20 metros. Para situaros mejor, os diré que una de sus aceras la ocupan las oficinas de venta de entradas de la Fnac. En el otro lado hay una tienda de ropa y un puesto de perritos calientes. Su breve recorrido no da para mucho más. Sorprende pensar que ese pequeño tramo sea, por sí solo, toda una calle, sin portales pero con una interesante anécdota sobre sus hombros.

Para conocer el origen de su nombre hay que remontarse a un hecho acontecido en el siglo XVI. Al poco de inaugurarse esta vía, dos carruajes vieron como sus lanzas –las varas de madera que unen el carro con los animales que tiran de ellos– se rompían al pasar por esta estrecha calle, por ese motivo se le bautizó como la calle de Rompelanzas.

La próxima vez que os acerquéis a esta zona fijaros en su discreta presencia pero más vale que estéis atentos o, quizás, os la paséis de largo sin daros cuenta.

MUSEO NACIONAL DE ANTROPOLOGÍA

DIRECCIÓN: CALLE DE ALFONSO XII, 68
METRO: ATOCHA (LÍNEA 1),
ATOCHA RENFE (LÍNEA 1)

«*Nosce te ipsum*», esta inscripción en latín que significa «Conócete a ti mismo» da la bienvenida a todo aquel que se acerca hasta el Museo Nacional de Antropología. Una frase que se encontraba en la puerta del oráculo de Delfos y que nos deja claro lo que vamos a poder hacer en este sitio. Un profundo conocimiento sobre el ser humano.

A poca distancia de la estación de Atocha se levanta este edificio que nos recuerda a un templo clásico griego. Construido por el marqués de Cubas, uno de los mejores arquitectos de la época, su gran mecenas e impulsor fue el doctor Pedro González Velasco. Un segoviano con una impresionante colección de objetos de todos los rincones del mundo que quiso crear un museo para albergarlos a todos ellos y que a la vez pudiesen ser disfrutados por la gente.

Originalmente este sitio se abrió como Museo Anatómico y fue el rey Alfonso XII el encargado de inaugurarlo en 1875. A pesar de no estar entre los principales museos de Madrid, este lugar agradece una visita. A lo largo de sus tres plantas, objetos cotidianos de distintos partes del planeta que nos ayudan a entender cómo ha sido y es la vida a miles de kilómetros de donde estamos. El objetivo final, ofrecernos una visión general de las diferentes culturas que habitan la tierra. Divididas por continentes, las plantas de Asia, África y América (la de

Europa no está expuesta) nos permiten acercarnos a otros estilos de vida completamente distintos a los nuestros.

De entre sus cientos de objetos llaman la atención unos cráneos deformados de Perú y Bolivia y una cabeza reducida de jíbaro. No obstante, su pieza más famosa no procede de tan lejos sino de Extremadura. En la primera planta, a mano izquierda, podemos contemplar el enorme esqueleto de Agustín Luengo, el gigante de Alcocer, un extremeño nacido en 1849 y que midió 2,35 metros; su impresionante esqueleto se encuentra en una vitrina mientras que también podemos ver una escultura suya, a tamaño real.

Reconozco que este museo tiene un aire místico y mágico. Quizás por ello ni su fundador, el doctor Velasco, haya sido capaz de escapar de oscuras leyendas. La más conocida relata que, tras el fallecimiento de su hija Concepción de 15 años, por la que sentía una gran pasión, él mismo la embalsamó y la paseaba en un carruaje por la ciudad e incluso la sentaba a comer a la mesa. Demasiadas habladurías sobre un personaje único que dotó a Madrid de un legado inmenso.

CASAS A LA MALICIA

DIRECCIÓN: CALLE DE LOS MANCEBOS
METRO: LATINA (LÍNEA 5)

Ahora es el momento de pasar a descubriros uno de los secretos de Madrid más peculiares que conozco. Una pícara costumbre que fue parte del día a día en la ciudad durante tres siglos, entre el XVI y el XVIII y que dio lugar a una arquitectura única y que aún hoy podemos observar en el Madrid más histórico, las «casas a la malicia».

Para entender este concepto hay que trasladarse a 1561, fecha en la que cambiará el destino de Madrid para siempre. En ese año Felipe II decide trasladar toda su corte a Madrid lo que lleva consigo un importante aumento de la población, sin embargo, la ciudad no estaba preparada para alojar, de la noche a la mañana, a tanta gente. Entonces, el monarca decidió aplicar la «regalía de aposento», que básicamente se traducía en que las casas de más de una planta debían de ceder una a la corte, para alojar a los funcionarios del rey.

Esta norma, de obligado cumplimiento, sacó a relucir toda la picaresca española ya que a nadie le gusta meter en su casa a un extraño. Como la regalía de aposento solo se aplicaba en aquellas viviendas «de fácil partición» los madrileños aprovecharon ese resquicio legal y se las ingeniaron para ocultar a la vista, desde el exterior, la existencia de otros pisos.

Las soluciones fueron de lo más diversas, desde construir tejados muy inclinados que dieran lugar a buhardillas secretas, hasta crear plantas intermedias, que no pudiesen ser consideradas como tales, construir debajo de la planta principal o un último truco que todavía apreciamos en alguna fachada: colocar las ventanas a diferentes alturas, desordenadas, de tal forma que no se supiese que realmente correspondían a dos pisos diferentes.

La mayor parte de estas casas de malicia se pueden observar por el barrio de las Letras. Os recomiendo un juego, un paseo por la zona intentando localizar estas peculiares viviendas. Cuando paséis por algún edificio y observéis pequeñas ventanas en alturas más o menos «extrañas», no penséis que están ahí por casualidad. Durante cientos de años sirvieron para un objetivo muy definido.

ESCULTURA ACCIDENTE AÉREO

DIRECCIÓN: CALLE MILANESES, 3
METRO: SOL (LÍNEA 1, LÍNEA 2, LÍNEA 3)

Cada mes de enero se cumple el aniversario de la llegada a Madrid de un habitante un tanto despistado. Un nuevo vecino que aterrizó en el centro de la ciudad, muy cerca de la calle Mayor y que pronto suscitó muchos comentarios sobre su presencia. Una escultura diferente y original. Hablemos de ella.

Cada vez que paseo por el centro de Madrid con algún nuevo visitante le digo lo mismo, le sugiero que en vez de mirar tanto a ras de suelo, de vez en cuando, alce la vista a las alturas. Allá podrá distinguir otra ciudad totalmente diferente. Decenas de esculturas que darían para un museo por sí solas aguardan silenciosas con el ambicioso consuelo de captar nuestra mirada.

Una de ellas está en la calle Milaneses, número 3, junto a la calle Mayor (para que os ubiquéis más fácil, a la altura del Mercado de San Miguel) y lleva allí desde enero de 2005, cuando los propietarios del edificio le pidieron a su autor, Miguel Ángel Ruiz, que hiciera para ellos una escultura que adornase el edificio. En todas las demás obras que coronan Madrid vemos a sus protagonistas firmes, posando para la posterioridad con actitud solemne, nada que ver con la obra que ahora nos ocupa.

Aquí apreciamos un hombre con alas colocado boca abajo que acaba de chocar con el edificio, con la cabeza doblada hacía atrás consecuencia del brutal impacto y las piernas torcidas por las fracturas. Somos testigos de un accidente que acaba de suceder. ¿Qué explicación tiene?

Estas son las palabras del autor en una entrevista concedida al diario *El País*: «Hace 10 000 años, un hombre alado sale a dar una vuelta y al volver, volando tranquilamente de espaldas, mientras toma el sol, no se percata de que en el prado donde aterriza siempre ha crecido toda una ciudad. [...] Hace 100 años, cenar un día en Nairobi y desayunar al siguiente en Madrid, habría parecido cosa de marcianos. El tiempo es solo un concepto cerrado por el lenguaje. Abrámoslo. ¿Por qué no creer que, en otro tiempo, un tipo tarda miles de años en ir a por el pan?», explicaba Ruiz a *El País*.

La obra de 300 kilos de peso y realizada en bronce es una de las más originales que tiene Madrid en sus azoteas, para muchos pasa inadvertida pero, una vez que la ven, no deja indiferente. Es entonces cuando empiezan las pesquisas sobre su identidad, algunos piensan que es el ángel caído y otros que representa a Ícaro. Ambas respuestas son incorrectas, esta obra ya tiene nombre y apellidos propios: *Accidente aéreo.*

MONASTERIO DE LA ENCARNACIÓN

DIRECCIÓN: PLAZA DE LA ENCARNACIÓN, 1
METRO: ÓPERA (LÍNEA 2, LÍNEA 5)

Muy cerca de la plaza de Oriente se llega al real monasterio de la Encarnación, un lugar relativamente tranquilo y discreto del que muchos turistas pasan de largo desconocedores de que cada año, durante 48 horas, en este sitio de aire calmado acontece uno de los misterios más inexplicables de Madrid, el de la sangre licuada de san Pantaléon.

Este monasterio fue fundado en 1611 por Felipe III y Margarita de Austria y su arquitecto fue fray Alberto de la Madre de Dios quien ideó uno de los templos más destacados de la ciudad. Este convento de las agustinas recoletas cuenta con una importante colección de objetos de gran valor que, sin llegar al nivel del de las Descalzas Reales, sigue siendo maravillosa. De entre todos, sobresalen dos reliquias de san Pantaleón, un hueso y una ampolla de cristal que, presumiblemente, contiene unas gotas de la sangre del santo.

El suceso que hace que cada año miles de personas pasen por este lugar ocurre, de forma estrictamente puntual, cada 27 de julio, fecha que coincide con la festividad de San Pantaleón. Como viene sucediendo desde al menos 1645, cuando se acerca la fecha señalada y sin explicación aparente, la sangre del santo, que durante el resto del año permanece en estado sólido, se vuelve líquida durante 48 horas.

El contenido de la pequeña ampolla sufre una metamorfosis insólita a la que nadie ha sido capaz de encontrar una interpretación lógica. Su color rojo oscuro empieza el día 26 a adquirir una tonalidad brillante y a cambiar su consistencia hasta que el día 28 vuelve de nuevo a condensarse. Más de 5000 personas se acercan para ver con sus propios ojos este extraño suceso que, como digo, se repite de forma constante desde hace casi cuatro siglos.

La ampolla ha estado cerrada de manera hermética desde que llegó a Madrid procedente de la catedral de Ravello y expertos que la han analizado afirman que su contenido es sangre humana. No hay muchas más explicaciones que dar al caso, a partir de ese momento ya entran las valoraciones e interpretaciones que quiera dar cada uno al asunto. La pregunta que surge ahora es la siguiente: ¿volverá a licuarse este año la sangre de san Panteleón? El próximo 26 de julio empezaremos a obtener la respuesta.

TRAS JULIA

DIRECCIÓN: CALLE DEL PEZ, ESQUINA CON CALLE DE SAN BERNARDO
METRO: NOVICIADO (LÍNEA 2)

En el artículo de la calle del Pez, de su origen y de lo que es hoy en día, me dejé en el tintero, de forma premeditada a Julia, su vecina más famosa y cuyo nombre desconocía hace tiempo. Investigando para el «secreto» de la calle del Pez encontré por accidente la respuesta a la pregunta que siempre me había planteado sobre esta escultura que se encuentra llegando a San Bernardo.

A veces, para llegar hasta la Gran Vía, destino final de muchas de mis caminatas, cambiaba mi hoja de ruta y en vez de bajar por Fuencarral lo hacía por San Bernardo, era entonces cuando me cruzaba con esta misteriosa figura femenina. Una chica esbelta, atractiva y reclinada sobre la pared y posiblemente estudiante, los libros sobre uno de sus brazos la delataban.

Tras intercambiar muchas miradas, averigüe su nombre, Julia, y también qué hace ahí. La presencia de esta muchacha está basada en una leyenda que se extendió rápidamente, fruto del boca a boca, en el Madrid de mediados del siglo XIX. Cuando el acceso a las aulas de la universidad solo estaba permitido a los hombres, se cuenta que una chica, de nombre Julia, acudía a las clases de la Universidad Central, ubicada en San Bernardo, disfrazada de chico. Quien sí hizo esto realmente fue Concepción Arenal. ¿Estaría la leyenda basada en la figura de la escritora gallega?

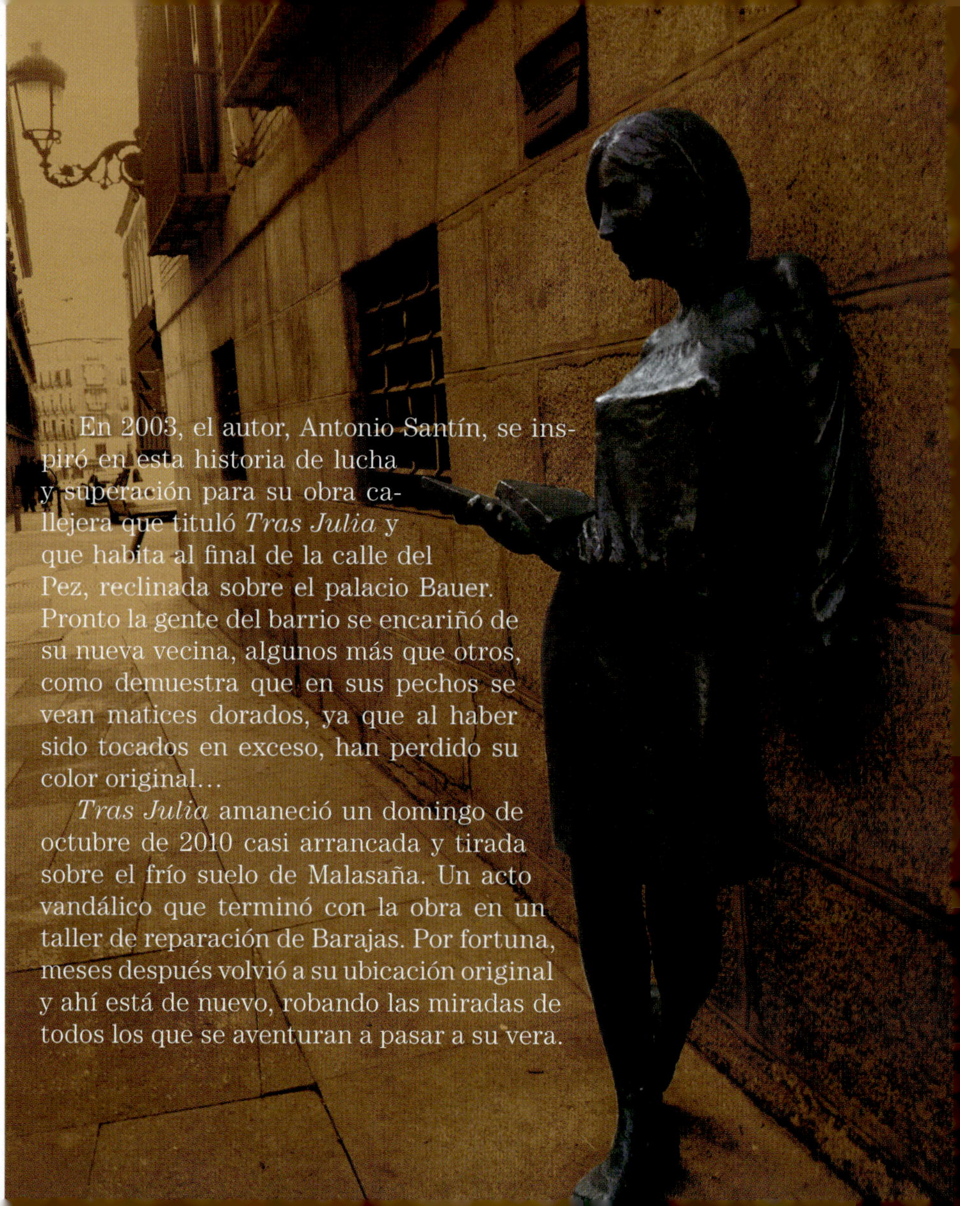

En 2003, el autor, Antonio Santín, se inspiró en esta historia de lucha y superación para su obra callejera que tituló *Tras Julia* y que habita al final de la calle del Pez, reclinada sobre el palacio Bauer. Pronto la gente del barrio se encariñó de su nueva vecina, algunos más que otros, como demuestra que en sus pechos se vean matices dorados, ya que al haber sido tocados en exceso, han perdido su color original…

Tras Julia amaneció un domingo de octubre de 2010 casi arrancada y tirada sobre el frío suelo de Malasaña. Un acto vandálico que terminó con la obra en un taller de reparación de Barajas. Por fortuna, meses después volvió a su ubicación original y ahí está de nuevo, robando las miradas de todos los que se aventuran a pasar a su vera.

DIRECCIÓN: CALLE DEL CODO
METRO: SOL (LÍNEA 1, LÍNEA 2, LÍNEA 3)

CALLE DEL CODO

No tiene fachadas de postal y tampoco posee demasiados comercios. Es humilde y austera. Sin embargo, aguarda con timidez a que alguien se atreva a descubrirla, consciente de lo mucho que gana en las distancias cortas. En sus escasos 75 metros de longitud se respira historia y sosiego, lo que la hace una de mis calles predilectas de Madrid, la calle del Codo.

Cobijada en las entrañas del Madrid de los Austrias, se trata de una pequeña callejuela que une la plaza de la Villa con la plaza del Conde de Miranda. Su mayor mérito es haber permanecido casi intacta con el paso del tiempo, apenas una tienda de alquiler de bicicletas y un salón de belleza se han atrevido a romper el hechizo que esconden sus muros.

Su denominación se la otorgó el marqués de Grabal ya que hace un giro de 90º, como si se tratase de la articulación de un brazo. La placa que adorna esta callejuela característica del Madrid de los Austrias nos muestra el dibujo de un brazo con una armadura medieval. Con echar un simple vistazo a esta ilustración nos hacemos una idea nítida del trazo que adopta la calle.

Otra teoría, menos oficial, dice que las jóvenes parejas aprovechaban su quebrado recorrido para dar rienda suelta a sus pasiones, sin soportar miradas incómodas, para salir a continuación por uno de sus extremos con sus brazos entrelazados a la altura del codo, de ahí el nombre.

Sus muros esconden secretos de rufianes y buscavidas, cortesanos y espadachines. Testigos mudos de aquellos sucesos son la puerta de la Torre de los Lujanes o el convento de las Carboneras (llamadas así porque veneraban una imagen de la Virgen de la Inmaculada encontrada en una carbonería). Pasear por este romántico lugar nos brinda la oportunidad de aislarnos del bullicio y recorrer el pasado del Madrid sin alborotos ni enjambres de turistas.

Según cuentan las crónicas de la época, uno de sus transeúntes más ilustres fue el escritor del Siglo de Oro Francisco de Quevedo, quien adoptó la insana costumbre de orinar en esta callejuela siempre que volvía de parranda, además con la manía de hacerlo siempre en el mismo portal.

MUSEO DEL PRADO

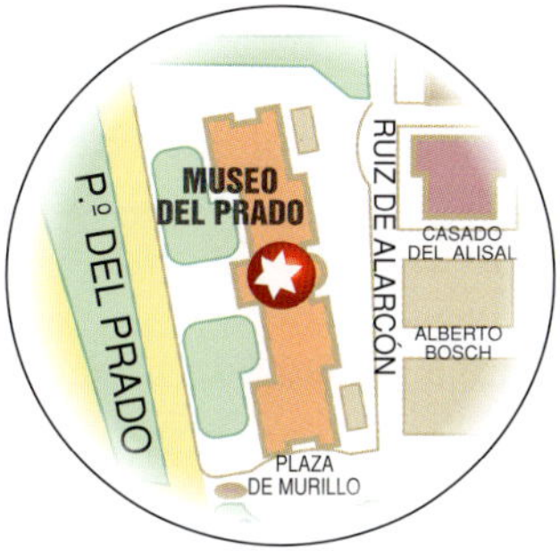

DIRECCIÓN: PASEO DEL PRADO, S/N
METRO: BANCO DE ESPAÑA (LÍNEA 2), ATOCHA (LÍNEA 1)

Hoy en día es una de las pinacotecas más importantes del mundo, una parada obligatoria para todo el que se estrena en Madrid y uno de los principales atractivos de la ciudad. Hablo del Museo del Prado, una colección que ha resultado decisiva para colocar a Madrid como gran destino turístico y que tiene un origen muy peculiar.

El edificio que ocupa el Museo del Prado fue concebido originalmente para albergar el Gabinete de Historia Natural. Iba a formar parte del macro proyecto ideado por Carlos III, junto al Real Jardín Botánico y el Real Observatorio Astronómico formando un conjunto llamado la Colina de las Ciencias. Las obras del edificio se alargaron durante el reinado de Carlos III y de Carlos IV. Cuando ya estaba a punto, la guerra de la Independencia hizo que este proyecto cayese en el olvido.

Es con el mandato del nieto de su promotor, Fernando VII, cuando este espacio empieza a ser aprovechado casi de rebote. Resulta que el monarca quiso modernizar el Palacio Real con lo más *in* del momento, una novedad que arrasaba en ciudades como París, el papel pintado para cubrir las paredes. En ese momento decide prescindir de los viejos lienzos de

Rubens, el Greco o Velázquez que adornaban estancias del palacio. ¿Qué hacer entonces con todos esos viejos cuadros?

Fernando VII aprovechó el enorme edificio creado por Juan de Villanueva a modo de trastero. Allí empezó a almacenar todas las obras que le sobraban. Menos mal que a su esposa, Isabel de Braganza, verdadera impulsora del museo, se le ocurrió sacar mayor partido de este lugar. Con todos los cuadros que su marido había desechado impulsó la creación de un museo para la ciudad de Madrid. Su apoyo resultó vital para que el Prado abriese sus puertas un 10 de noviembre de 1819.

Entonces lo hizo con otro nombre, Museo Real de Pinturas, y bajo otras circunstancias. Solo estaba abierto al público un día a la semana y cinco para copistas y estudiosos. Con el paso de los años el tamaño de su colección fue creciendo hasta contar con más de 8600 obras (de las que solo se exponen unas 1200) y, por ejemplo, en el año 2010 fue el undécimo museo más visitado del mundo. Unos datos que no están nada mal para un lugar cuya primera función fue la de trastero.

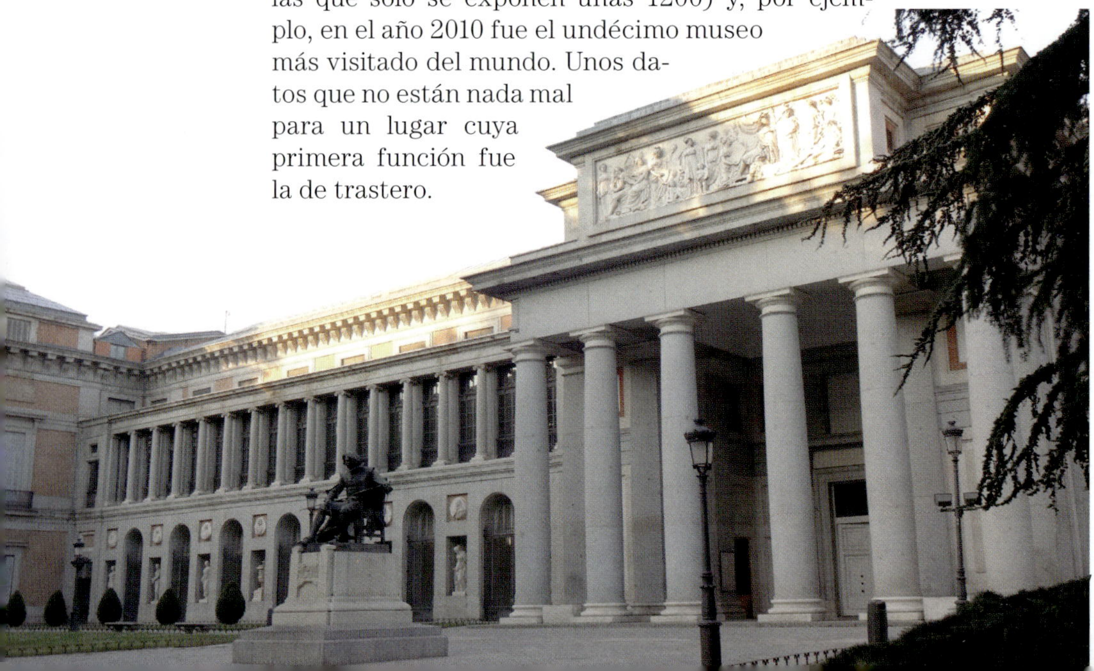

CASA DE CALDERÓN DE LA BARCA

DIRECCIÓN: CALLE MAYOR, 61
METRO: SOL (LÍNEA 1, LÍNEA 2, LÍNEA 3)

El secreto que os traigo ahora me sirve de ejemplo para responder a esa pregunta que tantas veces me lanzan: «¿Por qué te decidiste a hacer una página web sobre Madrid?» Las respuestas surgen solas y podrían formar una larga cola dentro de mi cabeza pero para muestra un botón. Poder caminar por lugares como la casa donde vivió Calderón de la Barca es una experiencia genial. Una de tantas de las que nos brinda Madrid.

El inmueble donde esta figura de nuestra literatura del Siglo de Oro pasó sus últimos 18 años de vida permanece en pie en la calle Mayor, a la altura del número 61. Pedro Calderón de la Barca (1600-1681) regresó a Madrid tras ser nombrado capellán de honor del entonces rey Felipe IV y optó por instalarse en esta céntrica calle.

Una de las cosas que más llaman la atención de esta casa es su estrechez y es que estamos ante una de las casa más «delgadas» de Madrid, con solo 4,36 metros de anchura. ¿El motivo? En la época en la que se levantó la vivienda (segunda mitad del siglo XVII) Madrid sufre el primer *boom* inmobiliario de su historia y se comienza a racanear cada metro cuadrado de suelo… El edificio original solo contaba con dos plantas, las dos últimas fueron añadidas tras una reforma del edificio que se acometió en el siglo XIX y en la que también se varió la fachada.

Curiosamente, esta casa fue «rescatada» por otro escritor Ramón de Mesonero Romanos, al que la ciudad y muchos de los que paseamos

por sus calles le debemos mucho. Mesonero Romanos no dudó en enfrentarse, primero verbalmente y luego a bastonazos, a unos albañiles que iban a comenzar las labores de derribo del inmueble durante el siglo XIX. Por lo visto, nadie había caído en la cuenta (o se había querido dar cuenta) de que se trataba de un patrimonio histórico de la ciudad. Gracias a su actuación se frenó y se abortó la demolición de este lugar. Otro atropello salvado *in extremis* de la piqueta. Para que nadie volviese a incurrir en el error o la tentación, el propio escritor promovió la colocación de la placa que actualmente vemos en la fachada.

Si paseáis por la calle Mayor deteneros a la altura del portal 61 y sentid que estáis compartiendo las vistas y las aceras que hace más de tres siglos disfrutó el autor de *La vida es sueño* o *El alcalde de Zalamea*.

ERMITA DE SAN ANTONIO DE LA FLORIDA

DIRECCIÓN: GLORIETA DE SAN ANTONIO DE LA FLORIDA, 4
METRO: PRÍNCIPE PÍO (LÍNEA 6, LÍNEA 10)

La ermita de San Antonio de la Florida es uno de los secretos que más se me han resistido en el tiempo. Cuando digo esto me refiero a que tardé demasiado en acercarme a conocerla en persona. Una decisión equivocada ya que es uno de los puntos más fascinantes de la ciudad que nos engaña con su aparente sencillez externa y que nos cautiva con el tesoro que oculta tras sus muros, los frescos de Goya.

La primera vez que vi este lugar fue montado en el teleférico que te lleva del paseo de Rosales hasta la Casa de Campo. Aquel día, pude apreciar desde las alturas esta bonita construcción junto a su hermana «melliza», pero si hay un sitio en la ciudad que hay que valorarlo desde las distancias cortas es este.

Es preciso indicar que la actual ermita es la tercera que se construye en honor al santo. La primera se levantó en 1720 y se encargó a Churriguera. Cuando Carlos III llegó al trono decidió demolerla y ordenó el nuevo proyecto, en 1768, a Sabatini. Pero esta ermita tampoco disfrutaría de una vida demasiado larga ya que apenas unas décadas más tarde, el nuevo monarca, Carlos IV mandó su demolición y encargó a Fontana el diseño de una nueva ermita, proyecto que ha llegado a nuestros días.

De aspecto sobrio por fuera y de estilo neoclásico, con planta de cruz griega, la ermita de San Antonio de la Florida es uno de los tesoros de Madrid por lo que esconde en su interior. Me refiero a las pinturas de Goya, que por encargo de Carlos IV, decoran con magia y solemnidad el edificio. Destaca el dibujo de la cúpula en el que el pintor aragonés representa uno de los milagros más famosos del santo, la resurrección de un hombre que había sido asesinado. Es curioso ver cómo los personajes que presencian la escena aparecen vestidos como los típicos personajes madrileños, de majos, chisperos y chulapos.

Si os acercáis a ver estas magníficas obras de arte veréis que al lado, y de forma simétrica, se levanta una «gemela» de la ermita. ¿El motivo? Resulta que en el templo original, el que tiene los frescos de Goya, se dieron cuenta que el humo de los cirios y el excesivo tránsito de personas podía terminar dañando las pinturas así que en 1928 se construyó a su lado una iglesia idéntica a la que se trasladó el culto dejando a la original liberada de estas funciones.

Pero aquí no acaban los secretos de este lugar porque, como veréis si os animáis a contemplarla, en el interior de la ermita se encuentran los restos de Goya, también con otro dato «curioso». El aragonés, uno de nuestros pintores más universales, falleció en Burdeos y fue enterrado junto a su consuegro y amigo Martín Miguel de Goicoechea. Para no equivocarse sobre los restos de quien traían y a quien dejaban en Francia se optó por traer los restos de los dos, así no había margen de error. Desde 1919 el pintor descansa en este fascinante lugar, rodeado, para siempre de una de sus mejores obras.

LA CALLE DE LA AMARGURA

DIRECCIÓN: CALLE DEL 7 DE JULIO
METRO: SOL (LÍNEA 1, LÍNEA 2, LÍNEA 3)

¿Cuántas veces habéis escuchado esa expresión que dice: «Me trae por la calle de la Amargura»? Seguramente que muchas. Pues es importante que sepáis que en Madrid existe esa calle en la actualidad, ubicada muy cerca del paseo de Extremadura. No obstante, en el mismo centro de la ciudad, pegada a la plaza Mayor, hubo otra, con el mismo nombre y cuyo origen ha dado lugar a diferentes teorías. ¿Os parece que les echemos un vistazo?

La plaza Mayor de Madrid, ese fantástico recinto lleno de historia y recuerdos, consta de nueve accesos. Nueve arcos que desembocan en otras tantas calles, una de ellas, la del 7 de Julio. Una breve callejuela de no más de 35 metros pero cuya posición privilegiada, entre la plaza Mayor y la calle Mayor, le han permitido ser testigo directo de importantes acontecimientos durante el paso de los años. Esta discreta calle, hasta mediados del siglo XIX se llamaba calle de la Amargura. ¿Por qué?

En cuanto al origen de esta denominación existen tres teorías:

La primera hace referencia al estado original de la plaza Mayor ya que antes de ser una plaza estaba ocupada por una laguna (la laguna de Luján) y por toda la zona crecían numerosas hierbas de sabor amargo.

La segunda nos lleva a un episodio histórico, el momento en el que Alfonso XI y sus soldados se marcharon a Algeciras para combatir contra los ejércitos árabes. Parece ser que esta calle fue el punto donde los combatientes se despidieron de sus mujeres e hijos quienes no pudieron evitar el llanto al ver marchar a sus esposos y padres a la guerra. Ante esta desoladora imagen el arzobispo de Toledo apuntó: «Este es el sitio de la amargura».

La tercera hipótesis habla de que por esta estrecha callejuela pasaban los prisioneros condenados a muerte en su trayecto desde la cárcel, situada en la plaza de la Villa, hasta la plaza Mayor para ser ajusticiados. Unos últimos pasos en vida, un paseo amargo y con un triste y definitivo final.

Como siempre os digo, que cada uno se quede con la que más le gusta (mi preferida es la última). En 1832 esta vía pasó a llamarse calle del Siete de Julio aunque no por algo relacionado con mis queridos sanfermines sino por otro capítulo sangriento que también tuvo lugar aquí y que aparece recogido en los *Episodios Nacionales* de Benito Pérez Galdós. Salta a la vista que esta céntrica calle acumula mucha historia sobre sus espaldas.

MUSEO DE ARTE PÚBLICO

DIRECCIÓN: PASEO DE LA CASTELLANA, 40
METRO: RUBÉN DARÍO (LÍNEA 5)

La expresión «vivir bajo un puente» alcanza otra dimensión en Madrid ya que esto es lo que hace una de sus exposiciones permanentes: el Museo de Arte Público. Cualquiera puede recitar de carrerilla esas tres galerías que han encumbrado a Madrid pero lo cierto es que hay muchas otras repartidas por la ciudad y además, de gran valor cultural. Posiblemente la más original, tanto por su emplazamiento como por lo que nos muestra, sea esta que ahora nos ocupa.

Cuando en 1970 se tendió el puente de Enrique de la Mata Gorostizaga que une los barrios de Chamberí y Salamanca sus creadores ya tenían claro qué utilidad dar a la enorme explanada que iba a resultar bajo este paso elevado. Gracias a las donaciones de artistas y familiares de estos, dos años más tarde esa idea se hacía realidad y ya estaba a la vista de todos esta valiosa colección de arte abstracto. No obstante, la inauguración oficial del Museo de Escultura al Aire Libre de la Castellana, como se llamó originalmente, no llegó hasta 1979.

Entre el tráfico incesante de la Castellana y el hormigueo efervescente de personas que día tras día serpentean por aquí permanecen estas 17 obras abstractas en las que se pueden apreciar diferentes tendencias de autores como Joan Miró, Gerardo Rueda o Marel

Martí. Sin embargo, la más espectacular de todas es la *Sirena Varada* de Eduardo Chillida; un enorme bloque de hormigón armado de más de seis toneladas que permanece suspendido sobre el suelo, colgado de unos fuertes cables de acero.

Se trata de una exposición dispuesta en tres niveles diferentes y que ocupa una superficie de 4200 metros cuadrados. Lo mejor de todo es que está disponible a cualquier hora del día y en cualquier momento del año. Una original e innovadora propuesta para enriquecer

al ciudadano y dar un aprovechamiento diferente a una explanada abocada a la indiferencia.

En parte olvidado por las guías turísticas y por parte de la memoria colectiva, el Museo de Arte Público es una solución óptima que sirve para dar a conocer el arte abstracto español en una zona diferente de Madrid. Algunas obras han sufrido tropelías varias debido al vandalismo (es el riesgo que corre el dejar 17 obras de arte al aire libre), sin embargo, ahí sigue, al pie del cañón, aguantando el paso del tiempo, confiando en que cada vez, más y más gente se dé cuenta de la valiosa colección que atesora.

Durante el día, muchas de sus obras se pierden entre el paso acelerado de la gente obviando un secreto que está ahí, a la vista de todos. Por la noche, gracias a una acertada iluminación y a la relativa calma que se apodera de la zona, este museo alcanza otra dimensión que nadie debería perderse.

ORATORIO DEL CABALLERO DE GRACIA

DIRECCIÓN: CALLE DEL CABALLERO DE GRACIA, 5 (GRAN VÍA, 17)
METRO: GRAN VÍA (LÍNEA 1, LÍNEA 5)

Si hiciéramos una rueda de reconocimiento con todas las fachadas que visten la Gran Vía es probable que la mayoría señalase la del número 17 como la más peculiar. Allí encontramos un arco que parece encajado sobre otro edificio, como si fuese un enorme Lego. Discreto y escondido, dentro aguarda uno de los tesoros de esta calle, el oratorio del Caballero de Gracia.

Recuerdo mis primeras pasadas por la Gran Vía y girar siempre la cabeza cada vez que pasaba por aquí. Una fachada diferente, dos proyectos, iglesia y viviendas, destinados a entenderse. Una pareja un tanto extraña que pude conocer un poquito mejor hace unos días. El oratorio tiene dos accesos, yo entré desde el que da a la Gran Vía. Cuando atravesé la puerta que da a la calle me sentí un poco descolocado ya que no apareces en el interior del templo, como esperas, si no en un espacio con varias puertas. Llegar al oratorio no iba a ser tan fácil, parecía que este secreto quería resistirse un poco más. Tuve que subir unas escaleras y atravesar otra puerta más para disfrutar de este elegante y exquisito lugar.

El oratorio original se construyó en 1654, pero debido a su deterioro se le encargó al arquitecto Juan de Villanueva (autor del Museo del Prado y del diseño actual de la plaza Mayor) su reforma. El arquitecto presentó dos proyectos, uno en el que ampliaría el templo ya existente y otro para hacer uno nuevo, finalmente se optó por lo segundo aunque no fue Villanueva quien terminó de dirigir las obras. De estilo neoclásico, en el interior de este espacio destaca su única nave custodiada por columnas de granito y la cúpula, pero destaca especialmente la gran luminosidad que invade todo. Lo que más sorprende de este lugar es, una vez dentro, su aparente amplitud a pesar de verse tan encajonado desde fuera.

Las obras del interior se prolongaron durante más de 13 años, entre 1782 y 1795, debido a la falta de fondos. De hecho, para sufragar los gastos, se utilizaron parte de los ingresos de la Real Lotería Nacional. Dentro del oratorio, como os digo, un elegante y bonito lugar, llama la atención la talla del Cristo de la Agonía y el sarcófago donde descansan los restos de Jacobo Gratti, el Caballero de Gracia, un singular personaje conocido en toda la Villa y Corte.

Volviendo otra vez al exterior, toca hablar de la reforma llevaba a cabo por Carlos de Luque en 1916 para acoplar el oratorio a la Gran Vía sin que este desentonase. Esta iglesia dio varios problemas al proyecto de esta céntrica avenida, de hecho, por su «culpa», y por la de otras dos iglesias, la elegante avenida no se pudo hacer recta. Una vez que se decidió que estos templos debían de mantenerse se tomó la medida de acoplarlos en este faraónico proyecto de la mejor forma posible. El resultado es un enorme arco bajo el cual asoma el ábside de este singular lugar. Una iglesia a la que rodea un halo de misterio, que podría haber sido escenario de cualquier novela de Dan Brown. Un secreto latente a escasos metros del mayor bullicio de Madrid.

VIADUCTO DE LA CALLE SEGOVIA

DIRECCIÓN: CALLE BAILÉN
METRO: ÓPERA (LÍNEA 2, LÍNEA 5)

Acostumbrado a recorrer Madrid en busca de lugares encantadores también me he encontrado sitios que ofrecen una visión diferente, digamos que un poco más amarga. Uno de ellos es el viaducto de la calle Segovia. La oscura leyenda negra que arrastra al ser escenario de numerosos suicidios le ha condenado a un aire melancólico del que quizás no se libre nunca.

Esta interesante construcción comenzó a idearse durante la segunda mitad del siglo XVIII. Con ella se quería cumplir un objetivo, mejorar la comunicación entre dos grandes conjuntos monumentales como eran el Palacio Real y la basílica de San Francisco el Grande. Unir ambos puntos mediante un agradable paseo que salvase el incómodo desnivel que producía la calle Segovia.

Incluso durante el breve mandato de José Bonaparte se retomó la puesta en marcha del proyecto pero se abandonó por la falta de dinero. Finalmente, tras muchos quebraderos de cabeza, salió adelante un plan para remodelar la zona por completo. Entre las medidas que se tomaron estuvo la de derribar la iglesia más antigua de Madrid en aquel momento, la de Santa María de la Almudena y construir el viaducto. Este por fin veía la luz en 1874, consistía en una estructura de hierro y madera que recibió numerosos halagos pero su precario estado de conservación hizo que en 1932 se demoliese para levantar otro más resistente.

De esta forma surge el segundo de los tres viaductos que han habitado este lugar, cuya inauguración se produce en 1934 y en el que ya se emplea el hormigón como material principal. No obstante los graves daños sufridos durante la Guerra Civil y, sobre todo, el aumento del tráfico rodado en Madrid, provocaron la aparición de unas peligrosas y amenazadoras grietas. Sencillamente, su estructura no estaba diseñada para soportar el descomunal aumento de coches que experimentó Madrid en varias décadas por lo que hubo que practicarle, en 1978, una profunda y definitiva restauración.

En total, tres diseños diferentes pero todos han tenido que convivir con una dolorosa lacra, la de los suicidios. El origen de esta lamentable «tradición» lo encontramos en la época en la que se levanta el primer viaducto. En 1874 no había edificios de muchos pisos así que los 23 metros de desnivel que llega a salvar en su punto más alto lo hicieron el lugar elegido para aquellos que querían terminar con sus vidas. De hecho, solo un año después de su inauguración el Ayuntamiento ya tuvo que instalar unas alambradas para poner fin a esta práctica. En la actualidad, y desde 1998, unas mamparas transparentes sirven de medida de seguridad cubriendo todo el trazado del viaducto. Pese a ello, sigue siendo conocido como el «puente de los suicidas».

Una curiosidad de este lugar es que se estrenó con el paso de la comitiva fúnebre que trasladaba los restos de Calderón de la Barca en uno de los seis entierros que tuvo que sufrir el autor del Siglo de Oro. Aunque aquel 13 de octubre de 1874 todavía faltaban algunos detalles para dar por concluido el proyecto, el viaducto fue cruzado por primera vez por los cinco carruajes que llevaron el cuerpo del escritor desde San Francisco el Grande hasta la Sacramental de San Nicolás.

Anécdotas de un lugar cuya pesada herencia le ha lastrado sobremanera en el colectivo madrileño y del que pocos saben que, al cruzarlo a pie, nos regala unas bonitas panorámicas de la ciudad.

PLAZA DEL BIOMBO

DIRECCIÓN: PLAZA DEL BIOMBO
METRO: ÓPERA (LÍNEA 2, LÍNEA 5)

En esta ocasión dirigimos el rumbo a otro de esos rincones amables y sinceros que oculta Madrid, al que solo se llega atravesando angostas calles. Un lugar que parece sacado de otra época e incluso de otra localidad. Nadie al sentirlo podría imaginar que está a escasos metros de la calle Mayor.

La plaza del Biombo, que es así como se llama nuestra protagonista, aparece ya perfectamente dibujada en el Plano de Texeira, que data del siglo XVII. Hablamos entonces de un lugar con mucha historia, que ha visto y sentido pasar por ella los azares de muchos madrileños y madrileñas.

Este coqueto recinto vive codo con codo con la iglesia de San Nicolás de los Servitas, el templo en pie más antiguo de toda la ciudad. A sus lados, las calles de San Nicolás y de Calderón de la Barca nos marcan la ruta a seguir tras un alto en el camino, pero antes, continuemos desnudando este apacible rincón.

Sobre el nombre de la calle existen diferentes teorías. La primera habla de la presencia de un biombo de terciopelo que colocaban las monjas del convento de Santa Clara detrás del cual una de las hermanas atendía a los pobres, dándoles las sobras de la comida y alguna limosna. Otra hipótesis habla de la pared trasera del desaparecido convento

de Constantinopla ubicado en ese lugar y que, por su forma, los madrileños asimilaban a la de un biombo.

En esta plaza destaca la presencia de una fuente que ha sido testigo de muchos enamoramientos ya que antiguamente eran muchas las chicas que venían aquí a lavar la ropa y, por tanto, muchos los jóvenes que se acercaban a cortejarlas y a verlas. Las fuentes hicieron, hace no tanto, las veces de discotecas y punto de encuentro entre jóvenes. Con el buen tiempo, os recomiendo pasaros un rato por la plaza del Biombo y sentaros en un banco. Disfrutaréis rodeados de historia y, por supuesto, del silencio.

DIRECCIÓN: CUESTA DE LOS CIEGOS
METRO: LA LATINA (LÍNEA 5)

CUESTA DE LOS CIEGOS

Os quiero hablar de un sitio que conocí hace poco, la cuesta de los Ciegos. Como es de imaginar, no he tenido que buscar mucho para toparme con varias historias fascinantes en torno a esta localización. Se trata de una escalera que salva un gran desnivel, uniendo la calle de Segovia con la calle de la Morería a través de 254 escalones.

Hoy en día la cuesta de los Ciegos es un punto con encanto, que incita a un paseo tranquilo y romántico, solo emborronado por los excesivos grafitis que la ensucian. Rodeada de verde y con unas maravillosas vistas, mucho ha cambiado el aspecto de este lugar, sobre todo, en relación a la época en la que se pudo originar su nombre.

Hablo del año 1214, cuando san Francisco de Asís llegó a Madrid tras realizar el Camino de Santiago. El santo se instaló a vivir en el actual parque de las Vistillas y construyó su humilde cabaña en el punto donde años más tarde se levantó uno de los templos más impresionantes de Madrid, la basílica de San Francisco el Grande.

El santo vivía de la caridad de sus vecinos y pasaba asiduamente por este desnivel. Cierto día, llegó hasta el convento de San Martín y entregó a su prior una cesta de peces, a cambio, le entregaron una tinaja de aceite. De regreso a su hogar,

al volver a la cuesta, se encontró con varios ciegos que estaban pidiendo limosna, Francisco de Asís les untó los ojos con un poco del accite que llevaba y al instante, de forma milagrosa, los ciegos recuperaron la vista.

Otra versión sobre el origen del nombre nos relata que la cuesta de los Ciegos se llama así porque en el siglo XVIII, a sus pies siempre solía haber un grupo de invidentes que al son de una música de violines cantaban a cambio de una limosna. Leyendas aparte, lo que es bien cierto es que bajo su colina existe un magnífico pasadizo secreto. Como he podido ver en fotos más antiguas, hace un tiempo el aspecto que presenciaba esta rampa era bastante descuidado y arriesgado para los peatones, era algo así como un tobogán gigante de ladrillos. Esto hizo que los niños hicieran de este punto un lugar de recreo, donde jugaban a deslizarse y a tirarse; por ese motivo, se le conoce también por el nombre de «cuesta de arrastraculos».

PANTEÓN DE HOMBRES ILUSTRES

DIRECCIÓN: CALLE DE JULIÁN GAYARRE, 3
METRO: ATOCHA RENFE (LÍNEA 1), MENÉNDEZ PELAYO (LÍNEA 1)

Cada vez que me despedía de Madrid se repetía la misma escena. El tren emprendía con parsimonia su marcha dejando atrás la estación de Atocha. A mano izquierda uno de los muchos perfiles que brinda la ciudad: hileras de edificios entre los que sobresalía, desafiante, una torre blanca que parecía querer llamar mi atención y, desde luego, lo conseguía. Finalmente, llegó el día en el que mi curiosidad y mi intriga dijeron basta y pude conocer el lugar donde se alzaba, el Panteón de Hombres Ilustres.

Este edificio nace con el objetivo de dar cobijo a los restos mortales de importantes personalidades de nuestro país. En un primer lugar, se destinó para esta función la iglesia de San Francisco el Grande pero fue la viuda de Alfonso XII, la reina regente María Cristina, la que optó por una nueva ubicación junto a la basílica de Atocha.

En 1890 se convocó un concurso público y el proyecto elegido fue el de Fernando Arbós y Tremanti. El edificio, de estilo neobizantino, nos recuerda bastante a otra de sus obras, la iglesia de San Manuel y San Benito que está junto al parque del Retiro. La construcción del panteón se prolongó desde 1891 a 1899, año en el que hubo que dar por concluidas las obras debido a que sus costes se estaban disparando. El presupuesto solo llegó para el panteón y para el campanil.

No sé si fue porque el día que lo conocí llovía tímidamente y una capota gris cubría el cielo de Madrid pero tuve la percepción de estar

EDUARDO
DATO
VIVIÓ PARA
LA PATRIA
MURIÓ POR ELLA

ante una de las construcciones más incomprendidas de la ciudad. Un proyecto que seguramente en su momento apuntó muy alto y que se quedó a mitad de camino. Su mayor revés, el hecho de no contar, hoy en día, más que con los restos del que fuera presidente del Consejo de Ministros, José Canalejas, ya que los cuerpos de muchos otros fueron reclamados y devueltos a sus ciudades de origen, perdiendo, en parte, su esencia y atractivo.

Digo en parte ya que, a pesar de esa dura desventaja, el Panteón de Hombres Ilustres sigue teniendo reclamos importantes que bien merecen una visita. Primero, el emplazamiento donde se alza, en el claustro de la basílica de Atocha, un lugar solemne y acompañado de un elaborado campanil. En su interior, los sepulcros de José Canalejas, Manuel Gutiérrez de la Concha, Práxedes Mateo Sagasta, Eduardo Dato, Antonio de los Ríos Rosas y Antonio Cánovas del Castillo. Algunos de estos monumentos funerarios son de una excepcional belleza, esculpidos por Mariano Benlliure y Agustín Querol, irradian una gran fuerza y emotividad.

Cuando uno pasea por su interior percibe una importante carga emotiva, sentimientos ásperos que te hacen pensar que a este lugar le falta alma, que se encuentra vacío, y no solo de restos humanos, también de algo más. Una triste sensación que no he notado en ningún otro punto de Madrid.

IGLESIA DE SAN ANTONIO DE LOS ALEMANES

DIRECCIÓN: CALLE DE LA PUEBLA, 20
METRO: TRIBUNAL (LÍNEA 1, LÍNEA 10), NOVICIADO (LÍNEA 2)

La joya oculta de Madrid. Así definiría al secreto que nos va a ocupar en los próximos instantes. No hay duda de que de todos los rincones y lugares que he descubierto en Madrid durante todos estos años, este es el que más me ha sobrecogido. Hablo de la iglesia de San Antonio de los Alemanes. Un discreto templo en la calle Puebla, en Malasaña, cuyo espectacular interior, cubierto enteramente por frescos, hacen que sea el sitio más sorprendente de cuantos he conocido en la ciudad.

Para hablar del origen de esta maravilla nos tenemos que remontar a la realidad de comienzos del siglo XVII, cuando Portugal formaba parte de la Corona española. Como había en Madrid un importante colectivo de ciudadanos lusitanos, Felipe III ordenó en 1606 la construcción del Hospital de los Portugueses y, años más tarde, entre 1624 y 1633, se levanta la iglesia, de idéntico nombre, como complemento del mismo.

Con el paso del tiempo, Portugal logra su independencia de España así que Mariana de Austria, esposa de Felipe IV, decide entonces cederlo a otro importante contingente presente en la Villa y Corte, la comunidad de católicos alemanes. Es por este motivo que la iglesia pasó a llamarse desde entonces San Antonio de los Alemanes, manteniendo la advocación del luso san Antonio de Padua.

Esta iglesia es muy poco conocida ya que su austero aspecto exterior, realizado en un material de bajo coste como el ladrillo, no nos

permite imaginar, ni de lejos, cómo es por dentro. De su fachada sobria solo la presencia de un San Antonio en una hornacina nos hace pensar que estamos ante un templo religioso. De no ser así, podríamos pasar cientos de veces ante su puerta sin ni siquiera preguntarnos qué se esconde tras esos muros.

Al atravesar su doble puerta, uno no puede evitar quedarse boquiabierto y perplejo ante semejante descarga de belleza. Todo el interior del templo, paredes y cúpula están cubiertos de frescos, pinturas que en su origen llegaban hasta el suelo, pero la parte inferior desapareció debido a las humedades. Ante nuestros ojos, una perfecta muestra de ilusionismo barroco. Una exhuberancia artística que le ha valido el sobrenombre de «la capilla Sixtina de Madrid».

Uno de los aspectos fundamentales y clave de este pequeño templo es su planta elíptica y diáfana, sin columnas ni divisiones. Un acierto que hace que nada más entrar nos veamos envueltos por sus pinturas, como si estuviésemos dentro de un enorme lienzo. Un efecto óptico que impresiona y maravilla. En los frescos de las paredes representados reyes de la Edad Media con un rasgo común, su marcada religiosidad, y milagros atribuidos a san Antonio. En la cúpula se representa la apoteosis de san Antonio, donde vemos al santo portugués ascendiendo al cielo.

El interior de la iglesia lo remata un retablo mayor con una magnífica escultura del santo con un niño. Además, el templo cuenta con una cripta en la que descansan, entre otros, los restos de dos infantas de Castilla. Este sensacional secreto que vive casi mudo en el barrio más moderno y trasgresor de la ciudad solo puede ser visitado durante horario de misa; una particularidad que lo hace un poco inaccesible y a la vez multiplica su aura de misterio. Curiosamente, san Antonio es el patrón de los objetos perdidos. En una situación similar, casi olvidada, vive esta iglesia, de espaldas al bullicio rutinario que se apodera de Madrid.

FARMACIA JUANSE

DIRECCIÓN: CALLE DE SAN ANDRÉS, 3
METRO: NOVICIADO (LÍNEA 2), TRIBUNAL (LÍNEA 1, LÍNEA 10)

Hoy en día parece que tenemos una obsesión, estar cuánto más a la última mejor, ya sea en nuestro teléfono móvil o en nuestra forma de vestir. Hemos creado una sociedad que fagocita modas y que olvida muy rápido su pasado inmediato. Algo que, por fortuna, no ha sucedido en la Farmacia Juanse de Malasaña.

Recuerdo perfectamente el día que pasé por primera vez por esta maravillosa fachada. Enclavada entre las calles de San Vicente Ferrer y San Andrés, esta farmacia fundada en 1892 mantiene casi intacto su aspecto exterior. Una joya de finales del siglo XIX que ha sobrevivido a la Guerra Civil, a la posguerra y a la Movida. Casi nada.

Para comprender el objeto de esta fachada hay que introducirse en una mente de hace más de cien años. No existían las formas de hacer publicidad que tenemos actualmente y las fachadas de los negocios eran su carta de presentación y a la vez el único reclamo para llamar la atención de los potenciales clientes que pasaban por la puerta del negocio.

En la Farmacia Juanse optaron por publicitar algunos de los milagrosos productos que fabricaban en su laboratorio. Artículos con nombres tan peculiares como Diarretil o la Lombricina figuran en estos azulejos creados por Marcelino Domingo

y Enrique Guijo. Productos que parecen sacados del típico charlatán del Oeste americano que iba de pueblo en pueblo, con su carromato, vendiendo un género de lo más variopinto.

Una curiosidad de estos anuncios/azulejos es que podemos ver productos destinados a todas las clases sociales, desde el Odontálgico Juanse en el que vemos a una mujer arreglada y elegante anunciando un producto orientado a la alta sociedad (solo los más pudientes podían preocuparse por su higiene bucal) al Diarretil en el que apreciamos un niño desnudo junto a su madre, con delantal y sin arreglar, una estampa propia de una clase mucho menos pudiente. Los distintos estratos sociales (y sus posibles necesidades) quedan reflejados en esta fachada.

El aspecto exterior de este negocio es uno de los muchos que dan un sabor tan añejo y a la vez amable al barrio de Malasaña. Una delicia que parece atascada en el tiempo, resignada a avanzar a la misma velocidad que nosotros. Es una lástima la falta de educación y respeto de unos pocos que se dedican a emborronar estos vestigios del pasado con sus firmas y grafitis sin sentido.

PARROQUIA DE LA CONCEPCIÓN DE NUESTRA SEÑORA

DIRECCIÓN: CALLE DE GOYA, 26
METRO: VELÁZQUEZ (LÍNEA 4)

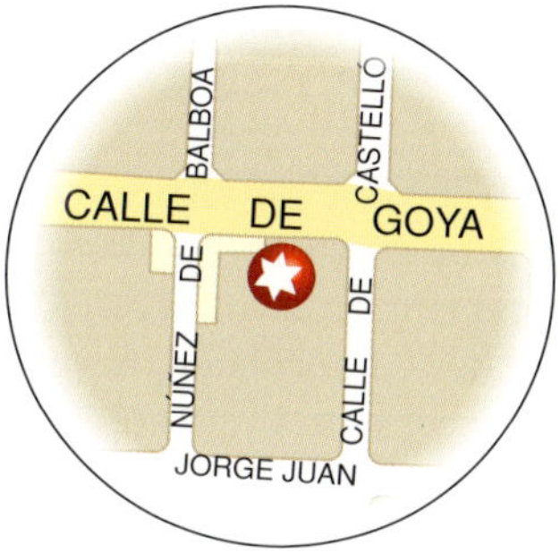

En esta ocasión quiero ampliar un poquito mi radio de acción y escaparme hasta un barrio que aunque estando en el centro de la ciudad y gozando de una ubicación inmejorable, no forma parte de ese cogollo histórico que, en mi opinión, constituye el verdadero corazón de Madrid. Caminamos un poquito más y lo hacemos para adentramos en un distrito comercial y residencial caracterizado por un alto poder adquisitivo, el barrio de Salamanca.

Reconozco que nunca he sido muy asiduo a esta zona, quizás porque ni sus tiendas están hechas para mí ni yo estoy hecho para ellas, tampoco es que sus calles me apasionen como lo pueden hacer sinuosas vías de Malasaña o las de La Latina. De hecho, las veces que me he dejado caer por el barrio siempre he tenido que recurrir a algún mapa pues me desoriento y me termino perdiendo, ya que casi todas sus calles, menos Serrano y Ortega y Gasset me parecen clónicas unas de otras. Supongo que será la falta de costumbre.

Pero dentro de este barrio, esbozado a base de paralelas perfectamente trazadas, podemos encontrar un elemento sugerente y misterioso que siempre me roba varios pensamientos. Visible desde casi cualquier punto de la extensa calle de Goya, haciendo esquina con Núñez de Balboa, se levanta una impoluta torre blanca que no deja indiferente a nadie. Coronada con una imponente aguja encima de la cual vemos una imagen de la Inmaculada, la parroquia de la

Concepción asoma a Goya su mejor cara y nos brinda uno de los perfiles más evocadores de la ciudad.

La torre, de 44 metros de altura, destaca en el contraste con los bloques de viviendas y oficinas con los que convive, un combate cuerpo a cuerpo en la que sale claramente victoriosa. Contemplada desde el exterior de su recinto, se trata de una iglesia que siempre me ha parecido imponente y elegante. Su color blanco, radiante, aún le ayuda más a destacar entre los edificios colindantes. Desde luego, si esta iglesia fuese una persona, no tengo duda de que sería una señora elegante y coqueta, una mujer soltera siempre bien arreglada que muchos trataron de conquistar sin éxito.

La iglesia, la más importante del barrio de Salamanca, comenzó a construirse en 1902 y a su inauguración, doce años más tarde, acudió el monarca Alfonso XIII. El templo se levantó para dar cabida a más gente ya que el anterior, dedicado a la misma advocación, se había quedado ya pequeño. Su estilo neogótico perfectamente definido y su afilada torre le otorgan una de las personalidades más fuertes del barrio.

PLAZA DE JACINTO BENAVENTE

DIRECCIÓN: PLAZA DE JACINTO BENAVENTE
METRO: SOL (LÍNEA 1, LÍNEA 2, LÍNEA 3)

A la hora de esbozar sus proyectos sobre los planos, pocas veces los arquitectos pueden augurar el éxito o el fracaso que padecerá una determinada zona. Es evidente que hay lugares en las ciudades capaces de brillar por sí solos. A otros les tocó el otro lado de la moneda, la cruz. Ahora, quiero reflexionar sobre uno de ellos, la plaza de Jacinto Benavente.

Vivir con una vecina tan apuesta y exuberante como la Puerta del Sol incomoda a cualquiera. Mientras la plaza del «kilómetro cero» alimenta su ego entre *flashes* y artistas callejeros, a muy pocos metros la plaza de Jacinto Benavente ha asumido su papel secundario de la función con mayor o menor resignación, pero estoy convencido de que bajo su orgullo, en sus adentros, seguro que espera una segunda oportunidad. Igual que han tenido otros lugares como Fuencarral o Malasaña que ahora gozan de una excelente salud.

La plaza se construyó en los años veinte del siglo pasado, por lo que se puede decir que es medianamente nueva, a pesar de que la mala vida que ha llevado le haya hecho envejecer prematuramente. Una serie de derribos entorno a la plazuela de la Aduana Vieja originó este espacio abierto que pese a vivir a las puertas de barrios de marcada personalidad como Lavapiés, La Latina o el barrio de las Letras ha permanecido

Plaza de Jacinto Benavente

neutral, sin dejar contagiarse. Su privilegiada posición en el plano de la ciudad le hace ser un importante paso de tránsito de miles de viandantes día a día pero su estado de conservación no invita a ser contemplada, la gente la atraviesa sin detenerse a mirarla. Muda y reservada, se mantiene a la espera. Es un cruce de caminos, pero nada más.

No obstante, basta detenerse un momento para tratar de entender mejor el carácter de esta plaza. Uno de sus cuatro costados lo atraviesa la calle Atocha en sus primeros números, cuando comienza a hacerse mayor. En el lado opuesto desemboca la calle Carretas, de claro perfil comercial. Si hacemos un barrido panorámico a toda la plaza un elemento destaca por encima del gris predominante, el Teatro Caser Calderón. Es uno de los edificios más bonitos de Madrid tanto por su fachada exterior como por su interior pero envejece lamentándose de no haber caído en gracia. Todo una prueba de lo que pudo ser esta plaza, y no fue. En diagonal, la observa mustio y apagado el Centro Gallego. Un enorme bloque que parece sacado de una localidad playera y que no encaja para nada en el conjunto. Una aberración urbanística, tristona y de aspecto desolador, que ha contagiado a sus compañeros de foto.

El aumento de la prostitución en la zona y la presencia de gente de dudosas intenciones no es que sean aspectos que ayuden mucho a la reputación del lugar. El continuo vaivén de vehículos, sobre todo autobuses, tampoco. De todos modos, la sensación que me da es que el Ayuntamiento ha dado por completo la espalda a este punto de Madrid. Un lugar que podría ser muy aprovechable viendo la maravillosa ubicación que dispone. A escasos metros de los grandes atractivos de la ciudad como Sol, la plaza Mayor, el barrio de las Letras o La Latina, zonas que viven su enésima juventud, la plaza de Jacinto Benavente camina de puntillas hacia un declive que no se merece.

Aun y con todo, bajo ese aspecto vetusto y cansado, yo, le sigo encontrando su encanto, diferente al de sus vecinas como la plaza de Santa Ana o la Puerta del Sol, pero igual de válido. Tranquila que, para todos, vendrán tiempos mejores.

LOS LEONES DEL CONGRESO

DIRECCIÓN: PLAZA DE LAS CORTES
METRO: SEVILLA (LÍNEA 2)

La imagen de los dos leones que presiden la entrada del Congreso de los Diputados es bien conocida por muchos. Con su aspecto, grande y fiero, son ya un icono de la ciudad de Madrid. Uno de los puntos de la ciudad más fotografiados, pero lo más curioso es que estos dos felinos guardan un sonrojante secreto.

Hay que decir que estos leones son la tercera versión que el Congreso ha visto custodiando su puerta. La primer pareja, colocada en 1851, se tuvo que retirar ya que al ser de yeso pintado, al año de estar en la calle, ofrecían un aspecto que dejaba mucho que desear, lejos de impresionar, como se pretendía con su presencia. Por este motivo, se colocó una segunda pareja que, a pesar de ser de piedra eran de un tamaño demasiado pequeño, algo que provocó risas y comentarios jocosos, comparándolos más con unos perros que con unos leones. Como tampoco gustaron se retiraron y hoy en día se pueden ver en los jardines de Monforte, en Valencia.

Así llegamos hasta los leones actuales, Daoíz y Velarde, nombres de los héroes del 2 de mayo con los que se les bautizó (aunque también se les conoce por Benavides y Malospelos). Estos fueron bajados de sus pedestales en 1985 para su restauración y limpieza. De este modo, mucho más accesibles al ojo humano, quedó visible la particular vergüenza de uno de ellos… no tenía testículos.

La gente comenzó a hacer cábalas sobre la notable ausencia y la primera teoría que salió a la palestra era que posiblemente se trataba de un león y una leona pero esta hipótesis pronto fue desechada ya que ambos lucen una frondosa caballera propia de los machos.

Con el paso del tiempo, surgieron diferentes conjeturas como que a su escultor Ponciano Ponzano se le terminase el material (bronce fundido de los cañones moros capturados en 1860 en la batalla de Wad-Ras) aunque esta idea es poco probable. Otra versión más mística sugiere que quizás fue algún tipo de mensaje oculto que su autor quiso dejar para la posterioridad. Sea como fuere, hablamos de un secreto que tardó en salir a la luz 120 años. Seguro que la próxima vez que paséis echáis un vistazo a los atributos de los felinos.

PLAZA DE RAMALES

DIRECCIÓN: PLAZA DE RAMALES
METRO: ÓPERA (LÍNEA 2, LÍNEA 5)

La plaza de Ramales me fascina por un doble motivo. El primero, meramente subjetivo, creo que es un lugar idílico y seductor. Flanqueada por varios edificios de gran belleza y con el Palacio Real en el horizonte, esta encrucijada de caminos en el Madrid de los Austrias me asombró desde la primera vez que la vi. El segundo argumento, este de carácter objetivo, el secreto que guarda esta plaza bajo sus baldosas y que hizo que, una vez lo conocí, nunca volviese a mirarla con los mismos ojos.

El nombre primitivo de este lugar era plaza de San Juan ya que en este punto se levantó una de las iglesias más antiguas de Madrid, la iglesia de San Juan Bautista. Su construcción tuvo lugar en el siglo XII y, si os fijáis en el suelo de la plaza, actualmente hay unas losas incrustadas que marcan el perímetro exterior de la extinta iglesia. El nombre original de este lugar se cambió por el de plaza de Ramales por la batalla que tuvo lugar en la localidad cántabra durante la primera guerra carlista, en 1839.

Sin embargo, el cambio de denominación no ha sido la modificación más grave que ha tenido que superar esta plaza y aquí es donde viene lo más interesante de este sitio. Como ya he comentado, sobre esta explanada se levantó antiguamente la iglesia de San Juan Bautista y que contaba

Plaza de Ramales

con varias capillas, una de ellas de la Orden de Santiago, congregación a la que perteneció uno de nuestros pintores más universales y afamados, Diego Velázquez.

Por este motivo, cuando el artista falleció en agosto de 1660 fue enterrado en este templo. El artista gozó de un descanso tranquilo hasta la llegada a España de José Bonaparte, hermano de Napoleón, y apodado el rey Plazuelas por motivos como el siguiente; durante su estancia en Madrid se dedicó a abrir espacios en el enmarañado y caótico centro de la ciudad y una de sus víctimas fue esta iglesia. Lo extraño es que cuando llevaron a cabo la demolición del templo nadie diese la voz de alarma alertando sobre los restos de Velázquez. El caso es que durante el derribo, producido entre 1810 y 1811, no solo desapareció la iglesia, con ella también se perdieron para siempre los restos del pintor.

Años más tarde se colocó en el centro de la plaza una columna con una cruz de la Orden de Santiago, un monumento que nos recuerda que en algún punto, bajo esa explanada, se supone está el cuerpo del autor de obras tan importantes como *Las meninas* o *La rendición de Breda*. Otro detalle que nos pone tras la pista de este secreto es la placa que señala el nombre de la plaza y en la que aparece dibujado el propio Velázquez.

La plaza de Ramales es un lugar curioso y tranquilo que con el buen tiempo se puede saborear sin prisa en alguna de sus terrazas; donde alzando la mirada podemos observar bellos edificios, como la casa-palacio de Ricardo Angustias con su torreón superior, o donde, si bajamos la mirada, podemos jugar a intuir bajo qué punto exacto de la plaza se encuentra enterrado el pintor.

TORRES DE COLÓN

DIRECCIÓN: PLAZA DE COLÓN S/N
METRO: COLÓN (LÍNEA 4)

Seguramente su nombre no esté dentro de la lista de los edificios más bonitos de la ciudad pero con el paso del tiempo su silueta se ha convertido en una de las más reconocibles de la capital. Finalizadas en 1976, las Torres de Colón son otro de los símbolos del *skyline* de Madrid y albergan una gran curiosidad: fueron construidas de arriba a abajo.

El proyecto para levantar estas dos torres en el centro de Madrid se puso en marcha en 1967, entonces lo que la mayoría desconocía era cómo se desarrollarían las obras. Su arquitecto, Antonio Lamela, optó por una solución diferente a la habitual, comenzar a construir las torres desde sus pisos más altos.

Ante la mirada atónita de los viandantes, lo primero que se levantó fue el esqueleto de hormigón clavado en el suelo. Luego se colocaron unas enormes plataformas en la parte más alta y a partir de ahí comenzaron a construirse las 23 plantas que alberga. Con sus 116 metros, estas enormes siamesas (ya que no son dos torres separadas si no que están unidas formando un único espacio) son el duodécimo edificio más alto de todo Madrid.

Como anécdota, esta construcción ha recibido diferentes nombres a lo largo de su historia; el primero, Torres de Jerez, ya que en un primer momento albergó las oficinas de Rumasa y es en esta ciudad andaluza donde se origina la empresa; actualmente mucha gente se refiere a ellas como «el enchufe» por la similitud de la estructura verde que las corona con la de un enchufe.

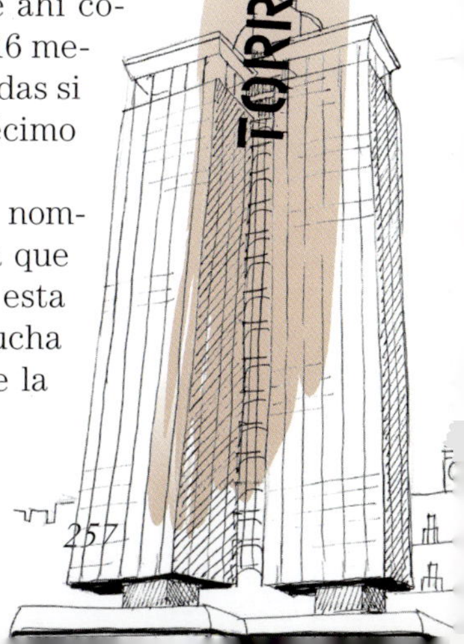

adrid

HUMILLADERO DE NUESTRA SEÑORA DE LA SOLEDAD

DIRECCIÓN: CALLE DE FUENCARRAL, 44
METRO: TRIBUNAL (LÍNEA 1, LÍNEA 10)

Aguanta cada día el paso de miles de personas ante su fachada pero prácticamente resulta invisible a los ojos de la gente. Un torrente de mujeres y hombres que se multiplica durante los fines de semana cuando la calle de Fuencarral se convierte en un hervidero de almas ávidas de compras y ocio. Allí, en mitad de su trazado, haciendo esquina con la calle de Augusto Figueroa aguanta como puede el humilladero de Nuestra Señora de la Soledad.

Un humilladero, tal y como lo define la Real Academia de la Lengua Española, es un «Lugar devoto que suele haber a las entradas o salidas de los pueblos y junto a los caminos, con una cruz o imagen». Su nombre viene de la palabra *humillar*, ya que cuando la gente entraba en estos lugares se arrodillaba e inclinaba como señal de sumisión.

Esta pequeña capilla fue construida en 1712 y nos deja claro dónde estaban por aquel entonces los límites de Madrid ya que estos lugares se situaban por costumbre en el extrarradio de los núcleos urbanos para que la gente rezase antes de emprender los viajes o de entrar a las ciudades y también para llevar ofrendas. De este modo podemos imaginar el espectacular crecimiento que ha experimentado la ciudad en los últimos siglos.

Humilladero de Nuestra Señora de la Soledad

El humilladero de la calle de Fuencarral ha logrado resistir el paso del tiempo y ahora parece un anciano desorientado en un lugar que le resulta extraño, como si no lo conociese. Su fachada de ladrillo visto y sillería está coronada con un arco de medio punto que asoma a esta arteria comercial, a la altura del número 44. Permanece siempre cerrada aunque si nos asomamos a través de sus cristales para robarle un poco de intimidad descubriremos al Cristo del Consuelo de tamaño real y un cuadro de la Virgen de Nuestra Señora de la Soledad.

Su mantenimiento depende de la cercana iglesia de San Ildefonso, pero como os digo solo se puede ver desde el exterior ya que sus puertas están cerradas. No obstante, su diminuta planta rectangular tampoco daría para recibir demasiadas visitas todo sea dicho. Ahora, el contraste de esta sencilla capilla en relación a la vorágine consumista que la rodea es sencillamente espectacular. Una construcción misteriosa que ha vivido en primera persona el nacimiento de toda una ciudad a su alrededor y a la que solo devotos y curiosos parecen hacerle caso. Desde luego, estamos ante toda una vencedora en el tiempo.

PLAZA DE CANALEJAS

DIRECCIÓN: PLAZA DE CANALEJAS
METRO: SEVILLA (LÍNEA 2)

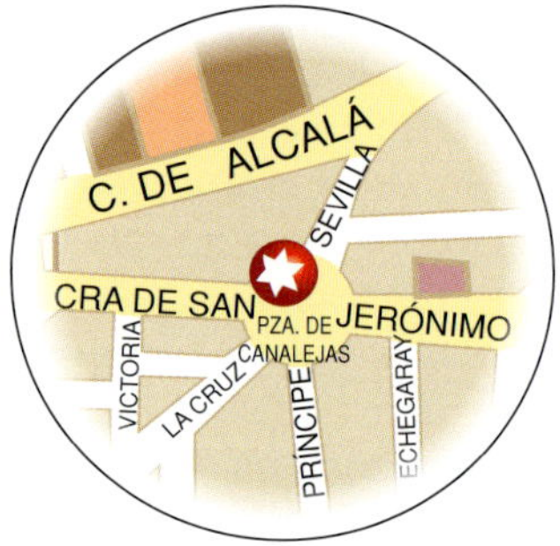

Si tuviese que elegir un punto de Madrid donde se concentre más belleza por metro cuadrado, tengo claro que mi lugar elegido sería la plaza de Canalejas. Un espacio que de plaza tiene poco ya que básicamente es la confluencia de varias calles, pero las fachadas de todos sus edificios son de una hermosura que corta el aliento.

Es una lástima que el continuo trasiego de vehículos que sufre en el día a día hace que mucha gente atraviese su planta circular más pendiente del tráfico y de los semáforos que de los impresionantes edificios que la encierran. La carrera de San Jerónimo y las calles de la Cruz, Príncipe y Sevilla se encuentran en este espacio que antaño se conoció como la plaza de las Cuatro Calles.

Edificios impresionantes, de gran belleza y majestuosidad, y muchos con un pasado común, el haber pertenecido a entidades bancarias como el antiguo Banco Hispano Americano, levantado en 1902. Reconozco que cuando uno alza la mirada en esta céntrica plaza hay tanto a donde dirigir la atención que cuesta decidirse. No obstante, mi preferido de todos es la Casa de Allende.

Se trata del edificio que hace esquina con la carrera de San Jerónimo y que es fácilmente reconocible por su espectacular

torreón y por su mirador de madera. Construido en el año 1920 estamos sin duda ante una de las casas más bonitas y singulares de toda la ciudad de Madrid. Conocido como el Edificio del Credit Lyonnais ya que en su planta baja estuvieron las oficinas de esta entidad financiera, su recargada decoración, sus remates, su color, todo brilla en armonía. Su autor fue Leonardo Rucabado quien dio a la obra un aire ecléctico en el que se conjugan distintos estilos.

Pegado a él encontramos el Edificio Meneses. Ambos parecen a primera vista una misma construcción pero con un poco de agudeza visual encontraremos el límite que los separa. Diferente

color y diferentes estilos que conviven codo con codo dando como resultado una fachada sublime.

Desde hace varios años, la zona se está viendo envuelta en una importante remodelación en la que se van a llevar a cabo medidas de peatonalización y construcción de un centro comercial y un hotel de gran lujo. Todo ello, con la finalidad de dar un impulso a este recoleto lugar. Esperemos que, el resultado final, no le reste ni un milímetro de su belleza y esencia.

POZO DE SAN ISIDRO (MUSEO DE LOS ORÍGENES)

DIRECCIÓN: PLAZA DE SAN ANDRÉS, 2
METRO: LA LATINA (LÍNEA 5)

Madrid nunca deja de asombrar. En cada paseo y tras cada esquina siempre aguarda una penúltima sorpresa. En esta ocasión, lo que me puso en la pista de este secreto fue una placa de la calle, una de las muchas que hay repartidas por la ciudad y que nos informan de qué personajes pasaron por aquí mucho antes que nosotros. Recapitulemos…

El patrón de Madrid, san Isidro Labrador fue un hombre que nació aproximadamente en el año 1082 y al que la Iglesia le atribuye la impresionante cifra de 438 milagros. En La Latina, concretamente en la plaza de San Andrés encontramos el Museo de los Orígenes cuya entrada es gratuita (y muy recomendable) y donde además podemos visitar el escenario donde supuestamente transcurrió el milagro más conocido de todos, el del pozo del cual rescató a su hijo.

Según cuenta la tradición, san Isidro llegó un día tras una larga jornada de labranza en el campo y se encontró a su mujer, santa María de la Cabeza llorando desconsolada a los pies del pozo. Ella le comentó cómo en un descuido, el hijo de ambos, san Illán, había caído accidentalmente al fondo del mismo. En ese momento ambos comenzaron a rezar y a implorar a la Virgen de la Almudena para que intercediera por ellos. Fue en ese momento cuando las aguas comenzaron a crecer hasta llegar al brocal del pozo, devolviéndoles a su hijo sano y salvo.

El pozo, que tiene una profundidad de aproximadamente 27 metros, a los que hay que añadir otros tres de agua potable, permaneció durante muchos siglos tapado con unos tablones de madera mientras ocupó parte de un solar del palacio de los condes de Paredes. Cuando se instaló en este lugar el Museo de San Isidro o de los Orígenes, en 1994, se restauró, siendo desde entonces uno de los puntos más solicitados de su recorrido.

En el exterior del edificio una placa recuerda al viandante que a muy pocos metros de ese punto vivió y murió el patrón de Madrid y que allí está el pozo milagroso donde aconteció uno de los capítulos más conocidos de la singular vida de san Isidro.

IGLESIA DE SAN NICOLÁS DE LOS SERVITAS

DIRECCIÓN: PLAZA DE SAN NICOLÁS, 6
METRO: ÓPERA (LÍNEA 2, LÍNEA 5)

Encajonada como vive en un meandro de callejuelas, la iglesia de San Nicolás de los Servitas pasa totalmente desapercibida para el peatón. No es la más bonita, ni la más espectacular. Tampoco posee una reliquia que merezca por sí sola una visita. Su mérito es otro. De todas las iglesias en pie que nos vamos a encontrar caminando por Madrid, ella llegó la primera, es la más antigua de toda la ciudad.

Este templo, llamado también iglesia de San Nicolás de Bari o «de los Italianos» aparece ya en el Fuero de Madrid, documento de 1202, como una de las diez parroquias con las que contaba la villa. Sin duda, un importante apunte que nos pone tras la pista de su antigüedad. Tras la demolición de la cercana iglesia de Santa María de la Almudena, cuyas ruinas se pueden contemplar cerca de la calle Mayor, este templo quedó como el más primitivo de la Villa y Corte.

Al estar tan próxima a los edificios que la bordean resulta imposible obtener una visión limpia y entera de la misma. Su discreción se ve aumentada por sus sencillas paredes de ladrillo. El único elemento que sobresale por encima del resto es su torre. Esta, que data del siglo XII, reúne todas las características de un campanario mudéjar (el chapitel es posterior, del siglo XVII). Es más que probable que estemos ante los restos del minarete de una de las seis mezquitas con las que contaba Madrid antes de ser conquistada por Alfonso VI en el año 1083.

Este templo es una clara muestra de las culturas que han vivido Madrid y herencia de su propia historia. De origen musulmán, la construcción fue reconvertida en iglesia cristiana tras la conquista de la ciudad. Después de un largo periodo de actividad fue cayendo en el olvido. Finalmente, en 1825, bajo el reinado de Fernando VII fue cedida a la Orden Tercera de los Servitas quienes a cambio se comprometieron a restaurarla y a mantener el culto.

Debido a su extraordinaria longevidad acumula varias anécdotas. La primera nos la comunica una placa situada en el exterior de la iglesia que nos recuerda que en su interior estuvo enterrado Juan de Herrera, arquitecto de Felipe II y autor del monasterio de El Escorial. Sus restos permanecieron aquí desde 1597 hasta que fueron trasladados de manera definitiva a Cantabria. Otra personalidad que pasó por esta iglesia fue Alonso de Ercilla, pero por un motivo bastante diferente, aquí fue bautizado un 15 de agosto de 1533 el poeta que narró la conquista de Chile en su obra *La Araucana*.

La iglesia de San Nicolás ha bautizado a la calle y a la plaza que la bordean, quizás, en un enésimo intento de evitar más miradas que las meramente necesarias. Da la sensación de que nunca ambicionó la fama y los halagos pero, aunque no lo quiera, su encanto e historia son y serán siempre únicos.

PASADIZO DEL PANECILLO

DIRECCIÓN: CALLE DE SAN JUSTO, 4, JUNTO A LA BASÍLICA DE SAN MIGUEL
METRO: LA LATINA (LÍNEA 5)

Acurrucada en el Madrid de los Austrias existe una diminuta callejuela que merece un par de reflexiones. Hay que estar atento, si andas despistado es probable que pases junto a ella sin percatarte de su presencia. Actualmente permanece cerrada al público pero años atrás fue un lugar muy concurrido, quizás demasiado.

Encajonada entre la basílica de San Miguel y el Palacio Arzobispal esta angulosa vía mantiene intacto el sabor y la imagen de siglos atrás. Ahora sus dos extremos están custodiados por unas verjas de forja. Al parecer, su sinuoso trazado era el escondite perfecto para ladronzuelos y gentes de dudosas intenciones. Su poca iluminación y sus recovecos dieron más de un disgusto, por ese motivo decidieron cerrarlo a comienzos del siglo XIX.

De este coqueto rincón madrileño lo que más curiosidad puede despertarnos es su nombre. Aquí va su explicación. Luis Alfonso de Borbón y Farnesio, en el siglo XVIII, a través de una de las ventanas del Palacio Arzobispal puso en marcha una peculiar costumbre, la de entregar un trozo de pan a los vagabundos que lo solicitasen, con la única condición de que antes hubiesen escuchado misa. Algo que queda perfectamente reflejado en la placa que da nombre a la calle.

Esta solidaria entrega pronto originó problemas ya que el número de indigentes que se agolpaba en el estrecho

callejón fue rápidamente en aumento y los altercados no tardaron mucho en llegar por lo que, en 1829, se dejó de hacer este reparto. Sin embargo, esta curiosa anécdota hizo que para siempre esta callejuela cambiase su nombre original, el de pasadizo de San Justo, por el del pasadizo del Panecillo.

PARQUE DEL CERRO DEL TÍO PÍO

DIRECCIÓN: CALLE BENJAMÍN PALENCIA, 2
METRO: PORTAZGO (LÍNEA 1), BUENOS AIRES (LÍNEA 1)

Tener todo Madrid a tus pies es mucho más sencillo de lo que parece. Para hacerlo realidad basta con dejarse caer por Vallecas y acercarse al parque del Cerro del Tío Pío, también conocido como parque de las Siete Tetas, subirse a uno de sus verdes montículos y admirar la mejor y más completa vista que se puede tener de toda la capital.

A orillas de la avenida de la Albufera, a la altura del estadio del Rayo Vallecano se levanta este magnífico espacio verde, inaugurado en 1987, y cuyas vistas no muchos madrileños conocen. Para gozar de la visión más sugerente desde el centro de la ciudad os recomendaría acudir a la azotea del Círculo de Bellas Artes, pero si lo que queréis es desconexión, marcar las distancias y contemplar Madrid como si la ciudad no fuese más que un juego de niños, entonces, este es vuestro sitio.

El parque del Cerro del Tío Pío es un enorme espacio con siete colinas (de ahí el nombre del parque de las Siete Tetas) en donde, desde lo alto de cada una iremos teniendo un punto de vista diferente de la ciudad. Una forma de degustar Madrid como si fuese un descomunal lienzo. Según estés en una cima o en otra podrás ir saboreando distintas zonas de Madrid, desde la parte sur de Villaverde al extremo norte con sus rascacielos, pasando por Gran Vía, la estación de Atocha o el Retiro.

Una peculiaridad de este sitio es lo que esconde bajo su fachada. Sepultados, bajo estas siete colinas, yacen los restos de la antigua

barriada de Palomeras. Un asentamiento que levantaron los inmigrantes que llegaron a la zona durante las décadas de los cincuenta y sesenta y que desapareció para siempre con la construcción de este parque. Las familias que habitaban este lugar fueron realojadas en nuevas viviendas y más tarde se procedió a la demolición de las antiguas casas.

El resultado de esta reordenación del barrio es este lugar de obligada visita, perfecto para una jornada de descanso espiritual. Encaramado en esas redondeadas cimas es posible sentir Madrid, sus latidos y vaivenes, y verse, por un solo instante, extraño y ajeno a ese vendaval de historias que, segundo tras segundo, te marcan a fuego en esta inigualable ciudad.